지식산업센터 대출의 신(信) 터푸가이가 알려주는

사업자 담보대출
1,000억 노하우

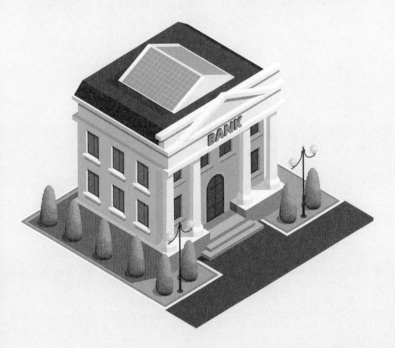

아파트형공장투자연구소(아투연) 본부장
윤영현 지음

청춘미디어

— **66** —

승자는 눈을 밟아 길을 만들지만
패자는 눈이 녹기를 기다린다.

-탈무드 명언-

— **99** —

프롤로그

저자가 책을 집필하고 있는 23년 5월 현재, 대출금리의 급격한 상승으로 필자 주변에도 힘들어 하시는 분들이 많이 있다. 인플레이션을 잡는 다는 미명 하에 미 연준(연방준비제도)에서 급격하게 금리를 올리고 있어서 국내외적으로 다양한 분야에서 곡소리가(?) 많이 나고 있다. 2023년 하반기 내에 금리인상 기조가 멈추고 금리가 하향 안정화로 가기를 기대해본다. 대출금리도 언젠가 제자리를 찾아간다.

지금은 마치 넷플릭스 오징어게임에서 001번 오일남 할아버지가 "제발 그만해 나 무서워! 이러 다간 다 죽어 다 죽는 단 말이야!" 라고 외치는 것 같다.

다만 반대로 생각해볼 수도 있다. 대출금리가 올랐지만, 그 놈의(?) 인플레이션 때문에 우리들의 대출금의 가치도 상계처리 되고 있다. 인플레이션으로 인해 금리는 올랐다가 내려가는 걸 반복하는데, 역사적으로 볼 때, 인플레이션으로 한 번 올라간 물가는 도통 잘 내려가지는 않는다.

예를 들어 자장면이 4,000원이었는데 인플레이션으로 인해서 5,500원이 된다면 1,500원이나 올라서 돈의 가치가 떨어진 것이다. (약 30% 원화가치가 떨어짐) 부동산을 예를 들면 지식산업센터 매수한 호실 10억 중 대출이 8억, 순투자금을 2억으로 가정하고 1년 후 지식산업센터 가격이 10억 -〉 12억으로 상승했다면 지식산업센터를 매수하기 위해 12억원이 필요한데, 자장면과 비슷하게 인플레이션으로 인해 원화 가치가 떨어져서(1년간 약 9%) 대출의 가치(매매가는 상승하는데 대출금은 그대로)도 같이 떨어지는 것이다.

대출은 받을 수 있을 때 하는게 중요하다. 2022년 10월 경 레고랜드 사태로 인해 PF 대출이 여기저기서 막히고 은행에서도 갑자기 대출을 줄이면서 개인사업자 대출까지 문제가 됐었다.

대출은 대외적으로 여러가지 변수가 있기 때문에 우리 자금계획 밖의 여러 문제가 발생 할 수 있다. 은행은 개인 차주의 사정이 어렵고 힘들수록 잔인하지만 돈을 잘 안 빌려준다. 비 올 때 우산(대출)을 뺏기면 안 되는데, 대출이라는 우산은 특히 비가 올 때 잘 빼앗긴다. 우산 준다고 할 때 우산 잘 받는 것도 방법이다.

바다 위에서 폭풍우(금리인상)가 칠 때, 바다 위의 멸치 떼, 고등어 떼 등은 정신없이 여기저기 뛰어 다닌다. 반면에 바다 밑에 있는 고래들은 바다 위에서 폭풍우가 칠 때도 유유히 거닐고 다닌다.

지금은 급격한 금리인상, 언론의 공포감 조성 등으로 인해 마치 바다 위 멸치 떼처럼 정신없이 다니는데, 이럴 때 고래처럼 상황을 예의주시하고 대출전략을 세우는 게 중요하다.

지금은 2008년과 같이 시중 대출금리가 약 5~7%대로 비슷하다. 부동산 시장은 주식 시장과 같이 상승과 하락을 반복하는데, 내재가치(value)가 높은 부동산 & 미국 우량주식은 결국에는 우상향 한다.

터널의 끝이 다가갈수록 더 어두운 법이니, 급격한 금리인상으로 인한 힘든 시기도 이제 얼마 남지 않았다.

2023년 5월 현재, 미 연준 및 한국은행에서 목표하고 있는 기준금리 목표치에는 거의 임박했다. 이 말은 반대로 본다면 목표를 이뤘으니, 이제 내려갈 일만 남았다는 뜻이다.

 2023년은 특히 대출금리, 부동산 투자에 있어서 중요한 변곡점이 되는 좋은 시기다. 필자가 예상하기는 2023년 하반기에 특히 대출 규제를 계속해서 풀어준다고 본다.

 국내 부동산 경기가 국내 GDP(국내총생산)에서 차지하는 비율이 약 20%대로 부동산 경기가 지금처럼 침체 된다면 국가 경제에도 큰 부담이 된다. 올해도 경제성장율도 1%대로 암울하며, 현재 고금리·고물가·고환율 3高 심화로 부동산 경기의 연착륙을 위해서도 대출 규제는 대폭으로 완화해야 한다. 2023년 하반기에 여러가지 대출 규제 완화 발표가 있을 것이다.

 인간은 적응의 동물이다. 2020년 코로나19가 대한민국에 처음 발생할 때를 기억하는가? 대부분 팬데믹(전염병이 전 세계적으로 크게 유행하는 현상)으로 집 안에서 나오질 않았다.

2023년 5월 현재는 어떤가? 하루에 1~3만명의 환자가 나온다고 해도 일상회복 수준으로 국가 경제가 돌아간다. 공포심의 심리가 이렇게 무섭다.

대출금리도 비슷하다. 우리는 코로나19로 인해 초저금리에 너무 적응해 있었는데, 곧 3~5%대 금리도 적응할 것이다.

부자가 되기 위한 방법은 생각보다 간단하다. 대중들과 반대로 하면 된다. 시장에 공포가 지배할 때 결국에는 용기 있는 자만이 결정할 수 있다.

저자 프로필

이름: 윤영현

국내 대기업 13년 경력

서강대학교 경영전문대학원 (MBA) 졸업 (경영학 석사)

現) 아투연 (아파트형공장투자연구소) 본부장

現) YH COMPANY KOREA 대표 (CEO)

現) 파티룸메모리즈 대표 (CEO)

저서: 개인 저서 2권 외 공동 저서 2권

연락처

이메일: rcntk@hanmail.net

블로그: https://blog.naver.com/rcntk (터푸가이, 반포형님)

유튜브: https://www.youtube.com/@valueup17 (반포형님)

목차

— **66** —

기업,부동산의 본질 가치는
자주 바뀌지않는다
다만 우리들의 감정과 심리가
자주 바뀔 뿐이다

- 터푸가이-

— **99** —

수익형 부동산 대출 레버리지 효과

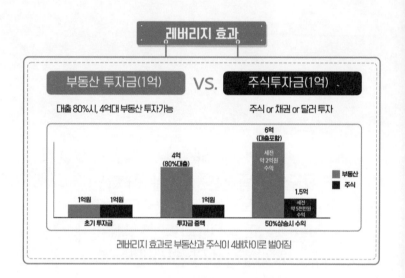

레버리지 효과

부동산 투자금(1억) VS. 주식투자금(1억)

대출 80%시, 4억대 부동산 투자가능 | 주식 or 채권 or 달러 투자

레버리지 효과로 부동산과 주식이 4배차이로 벌어짐

대출 레버리지 효과를 부동산과 주식으로 단순 비교를 하면 위 표와 같다. 예를 들어 부동산과 주식의 초기 투자금은 각 1억 원씩 같아도 수익형 부동산은 보통 80% 대출로 투자하다 보니 자산가치는 주식보다 4배 이상 높다. 그래서 수익형 부동산의 꽃을 대출(레버리지)이라고 부른다. 아무리 고금리 시대라고 해도 고정금리로 대출을 잘 활용하면 만족할 만한 수익을 얻을 수 있다. 자본주의 시스템에서 대출은 바로 시간과 투자금을 아낄 수 있는 가장 효과적인 수단이다.

성수동 A 지식산업센터 1층 상가 대출 실사례

분양가: 약 43,500만원(부가세 제외)
대출: 약 35,000만원/대출 약 80%

  필자는 2022년 상반기에 성수동 A 지식산업센터 1층 상가(지원시설)에 대해 잔금을 진행 했었다. 분양가는 약 43,500만원인데 대출은 약 80% 받았다.

  최근 모 SNS 단톡방(단체 카카오톡채팅방)에서도 지식산업센터 1층 상가 대출이 80% 정도 나온다고 하면 이상한 취급(?)을 당하기도 했는데, 그건 지식산업센터 대출을 잘 모르는 소리다.

  최근 입주하고 있는 영등포 당산생각공장, 영등포 KLK유원시티1차, 금천 인피니움타워 경우에도 1층 상가 대출은 최대 80%대까지 가능하다.

  일반적으로 상가 대출은 적게 나오는 게 맞다. 은행에서도 상가 같은 경우는 워낙 특수한 분야라서 상당히 보수적으로 보고 원금 손실 위험도가 좀 높다고 판단하기 때문이다.

  일반 아파트는 KB시세가 있어서 매주 시세를 객관적으로 체크할 수 있는데, 일반 근린상가 및 특히 지식산업센터 상가는 객관적으로 판단할 수 있는 자료가 아직은 없고 감정평가사 분들이 직접 물건지 인근 부동산에 발로 뛰면서 시세를 파악해야 한다.

  서울권 지식산업센터 내 상가 및 업무지원시설도 최대 80~90%대 대출이 가능하다. 은행에서 제시한 대출 금액에만 적용하지 말고 직접 발로 뛰고 알아보면 더 다양한 대출조건을 실제 확인할 수 있다.

수익형 부동산 대출
레버리지 효과

	대출 형태 및 난이도			
형태	종류	난이도	대출가능액(매매가)	비고
담보대출	주택담보대출	중	KB시세 50~80%	아파트담보대출
	사업자대출	상	매매가 70~90%	지식산업센터, 아파트 후순위, 사업자 대출
	법인대출	상	매매가 80~100%	지식산업센터
신용대출	보험약관대출	하	보험해지 환급금 범위내	각 보험사 약관대출
	마이너스통장	하	연봉의 80~150%	1-2금융권

대출 형태, 종류, 난이도를 위 표와 같이 정리해 봤다. 대출 종류에 따라 난이도가 다른데 사업자대출 및 법인대출은 다른 대출 상품에 비해서 난이도가 어느 정도 높은 편이다. 보험약관대출은 은행 대출 관련 전산에 잡히지 않기 때문에 급할 때마다 마이너스 통장 개념으로 사용하면 좋다.

사업자 대출 프로세스 5단계

대출 프로세스 5단계	
① 매매계약서 작성 or 분양계약서 잔금대출	서류를 준비해서 우선 은행 대출 담당자에게 제출 (제출서류: 계약서, 신용정보동의서)
② 탁상감정 진행	감정평가 법인 여러 곳에 의뢰하여 감정가격 책정
③ 정식감정 진행	감정평가사가 물건지 실사 진행 (공실, 임대차, 실사용 여부 확인 등을 진행)
④ 대출조건 확인 및 자서 진행	감평금액, 대출금액, 이자율 등을 최종 확인 후 은행에 내방하여 대출 자서를 진행
⑤ 대출 실행	잔금일 기준으로 대출 실행

대출 프로세스는 보통 위 5단계처럼 진행이 된다.

대출 진행 시 가장 중요한 게 대출금액 기준이 되는 감정가격이 얼마가 나오느냐가 중요하다. 그런데 은행과 감정평가법인에서는 보수적으로 금액을 책정하기 때문에 주변 거래사례, 최근 분양가 등의 객관적인 자료를 감정평가사에게 잘 어필해서 최대한 현 시세에 맞는 감정금액을 뽑아 내는 게 가장 중요하다.

특히 서울 핵심권 지식산업센터 분양권 같은 경우에도 1~2년 전 분양가임에도 불구하고 감정가를 낮게 책정하는 은행이 있는데, 이런 경우 더 지체하지 말고 다른 은행을 몇 군데 더 알아보는게 좋다.

대출 잘 알아보는 꿀팁

1) 지식산업센터 이해도가 높은 지식산업센터 인근 은행 또는 분양권 같은 경우 시행사 지정 은행을 이용하기!

 약은 약사에게! 진료는 의사에게! 라는 말이 있다. 아직도 일반 시중은행에서 지식산업센터를 잘 모르는 은행 담당자들이 많이 있다. 이런 경우 은행 담당자를 먼저 설득해야 하기 때문에 대출이 잘 안 나올 가능성이 높다. 가급적 지식산업센터에 대한 이해도가 높은 은행과 진행하는 게 유리하다.

2) 대출모집인(에이전트)을 활용하기! (각종 광고물, 경/공매 대출 이모들)

 대출모집인(에이전트)을 적극 활용한다면 시간을 절약 할 수 있다. 엘리베이터에 붙어 있는 대출 광고물, 경공매 시 명함을 나눠주는 대출 이모님들을 활용한다면 1~2금융권까지 다양한 은행의 대출조건을 비교할 수 있어서 좋다.

개인 VS 사업
대출 구분

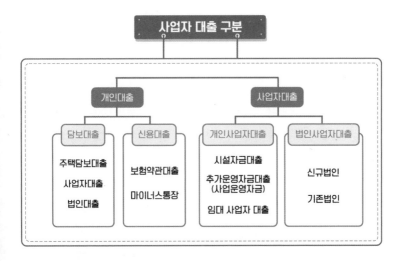

위 표를 보면 개인대출은 크게 담보대출과 신용대출로 나뉜다. 사업자 대출은 개인사업자 대출과 법인 사업자 대출로 구분된다. 지식산업센터는 각 은행별 법인사업자 대출만 따로 전담하는 부서가 있으므로, 법인사업자 대출이 필요한 경우는 꼭 법인 사업자대출 담당자에게 문의하는 게 유리하다.

개인사업자가 받을 수 있는 대출은 무엇이 있나?

 개인사업자가 대출을 받을 수 있는 방법은 크게 두 가지로 나뉜다. 개인으로서 대출을 받을 수 있는 '개인대출' 과, 사업체로서 대출을 받을 수 있는 '개인사업자 대출' 이다.

 개인대출은 개인이 금융 및 경제생활을 잘 할 수 있도록, 개인(법인)사업자 대출은 사업체가 자금 운용이나 영업을 잘 할 수 있도록 도와주는 대출이다.

 이렇게 개인대출과 개인 사업자 대출의 성격이 다르다 보니, 개인대출과 개인사업자 대출은 대출 심사 방식에서도 차이가 난다. 개인대출은 개인의 신용평가와 소득, 개인 소유의 담보 등을 기반으로 대출 심사를 받는다. 하지만 개인(법인)사업자 대출은 사업의 재무 현황과 영업 상황 등이 대출 심사에 포함된다.

 보통 은행 홈페이지에 들어가면 '개인' 과 '기업'으로 나눠진 걸 볼 수 있는데, '개인' 사이트에서 볼 수 있는 대출은 개인대출, '기업' 사이트에서 볼 수 있는 대출은 개인사업자를 포함한 사업자 및 기업을 위한 대출 상품이라고 보면 된다.

 개인사업자가 받을 수 있는 대출의 종류는 시설자금대출, 운전자금대출, 정책자금대출, 보증대출, 개인사업자 신용대출, 담보대출 등이 있다. 아래 표들은 개인 신용대출, 개인사업자, 법인사업자가 받을 수 있는 대출의 종류들을 구분한 표다.

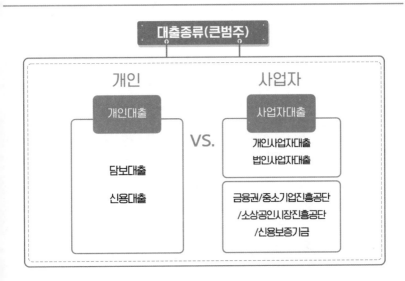

 대표적인 개인사업자 대출에는 시설자금대출, 운전자금대출, 정책자금대출, 보증대출 등 총 4가지가 있다.

첫번째, 시설자금대출

 시설자금대출은 토지, 건물, 기계구입 등 물리적인 자산의 매입을 위해 필요한 자금을 조달하는 것을 말한다. 지식산업센터 잔금 시 대부분은 이렇게 시설자금대출 항목으로 분류되어 대출이 나간다.

두번째, 운전자금대출

 운전자금대출(추가운영자금 대출)은 사업자가 판매나 운영활동에 필요한 자금을 조달하기 위한 대출이다. 최근에는 온라인 사업자가 대표적으로 이용하는 대출이기도 하다. 다만 운전자금대출은 시설자금대출과 달리 자금 용도를 정확히 증빙해야 한다. 용도증빙 서류는 보통 대금거래 내역, 계약서 및 견적서, 세금계산서 발행 내역 등을 제출해야 한다.

세번째, 정책자금대출

 정책자금대출은 정부 공공기관 및 지방자치단체 등이 은행과 협약을 통해 진행하는 대출이다. 정부 공공기관 및 지방자치단체가 대출 지원 조건에 맞는 사업자를 선정하면 은행이 대출을 해준다. 정부 공공기관 및 지방자치단체가 이자를 보존해주기 때문에 일반 대출에 비해서 대출 조건이 유리하다.

 그래서 가급적 일반 사업자대출을 알아보기 전에 조건만 맞는다면 정책자금 대출을 먼저 받는 게 유리하다. 정책자금 대출은 중소기업진흥공단, 신용보증재단에서 주로 사업자 대출을 진행한다. 자세한 대출 내용은 각 홈페이지를 통해서 알아볼 수 있다.

 각 공공기관 대표 번호로 연락하면 사업자 대출도 상당히 친절하게 응대해주고 대출을 잘 받을 수 있게 도와준다. 필자도 여러 번 이용해봤는데 여러가지로 친절하게 응대해줘서 좋은 기억이 있다.

네번째, 보증대출

 보증대출은 신용보증기금, 기술보증기금, 지역 신용보증재단 등 보증기관에서 발급한 보증서를 기반으로 은행에서 대출을 받는 것이다. 이렇게 보증서 대출을 이용하면 보증서를 담보로 대출해주기 때문에 대출금리가 상당히 유리하다. 보증대출도 정책자금 대출과 비슷하니, 우선 각 공공기관에 문의해서 대출 가능 상품을 먼저 확인하는 게 중요하다.

— **66** —

겁쟁이들은 시작조차 하지 않았고
약한자들은 중간에 사라졌다.
그래서 우리만 남았다.

- 나이키 창업자 필 나이트-

— **99** —

신용평가 회사

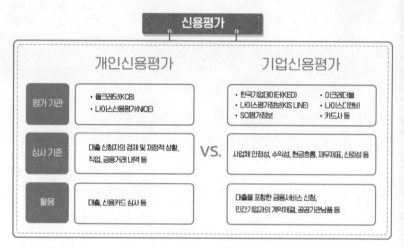

신용평가

	개인신용평가	기업신용평가
평가 기관	• 올크레딧(KCB) • 나이스신용평가(NICE)	• 한국기업데이터(KED) • 이크레더블 • 나이스평가정보(KIS LINE) • 나이스디앤비 • SCI평가정보 • 카드사 등
심사 기준	대출 신청자의 경제 및 재정적 상황, 직업, 금융거래 내역 등	사업체 안정성, 수익성, 현금흐름, 재무제표, 신뢰성 등
활용	대출, 신용카드 심사 등	대출을 포함한 금융서비스 신청, 민간기업과의 계약체결, 공공기관납품 등

개인신용평가는 대표적으로 올크레딧(KCB)와 나이스신용평가(NICE)에서 한다. 개인(법인)사업자 기업신용평가는 한국기업데이타(KED), 나이스평가정보(KIS LINE), SCI평가정보 등에서 한다. 지식산업센터 대출 시 가끔 평가정보 회사에서 연락이 오는 경우가 있다. 이 때 본인 사업에 대해 상세히 잘 응대한다면 기업 평가에서 좋은 결과를 얻을 수 있으니, 사업분야에 대해서 상세히 설명하고 서류 제출도 최대한 잘 준비해서 제출하는 게 중요하다.

왜 은행별로
대출금액과 이율이 다른걸까

  대출에 정답이 없는 이유는 명확한 법이나 규정이 없기 때문이다. 은행의 정책은 금리 및 대외변수로 인해 수시로 변하고 가이드라인마저 지점에서 유동적으로 적용가능한 부분이 많다. 그래서 같은 은행이라 하더라도 지점마다 은행 담당자마다 조건이 달라지게 된다.

  개인사업자 대출은 물건 담보가치가 좋고 신용상의 문제가 없다면 보통 감정가의 90%까지 대출이 나오는데, 보통 대출은 70%~80% 선에서 결정된다. 추가적으로 개인의 신용도에 따라 신용대출을 껴서 한도를 90%까지 늘리는 경우가 있다. 이것도 각 은행 별 지점, 담당자, 개인의 신용도에 따라 다 다르다.

분양권 잔금대출 진행시 등기사항 (보존 등기/소유권이전 등기)

 시행사에서 입주 안내문이 나오면, 대출 잔금일을 지정해서 잔금을 실행한다. 예를 들어 11월 1일~30일까지 입주지정기간이라고 하면 많은 분들이 8월부터 대출금액을 알아 볼 수 있는지 많이 물어보시는데, 결론은 보존등기가 등기부등본에 기재가 될 때 대출이 가능하다.

 보존등기란 미등기 부동산에 대해 소유권을 보존하기 위해서 최초로 발생하는 등기를 말한다. 보존등기가 나와야 수분양자에게 대출을 진행 할 수 있고 근저당을 설정 할 수 있어서 이 때 은행에서 대출 프로세스를 진행할 수 있다. 보통 입주지정일 1~3주 전에 보존등기가 가능하고 이 때부터 각 호실별 소유권 이전등기도 가능하다.

중도상환수수료 계산방법

중도상환수수료 =
중도상환금액 × 중도상환수수료율 × (대출잔여일수) / (대출기간)

대출기간 : 최초 대출실행일로부터 대출만기일까지의 기간을 말하며, 대출기간보다 중도상환수수료 적용기간이 짧을 경우 중도상환수수료 적용기간을 대출기간으로 간주함

대출잔여일수 : 대출기간에서 최초 대출실행일로부터 중도상환일까지의 경과일수를 차감한 기간

N   **중도상환수수료 계산기**   ▦ ▾ Q

통합   VIEW   이미지   지식iN   인플루언서   동영상   쇼핑   뉴스   어학사전   지도   …

이자 계산기

적금   예금   대출   **중도상환수수료**

상환금액	100,000,000 원
	1억원

대출기간	년	개월	12개월	잔존기간	년	개월	12개월

수수료율	1.2 %	면제기간	3 년
		수수료를 내지 않는 대출 경과기간	

중도상환수수료   **1,200,000 원**

정확한 수수료율과 면제기간은 대출 계약서를 확인하세요.

중도상환수수료 계산기 활용하기!

네이버에서 '중도상환수수료 계산기' 검색 후 위처럼 숫자를 기입해주면 바로 확인이 가능하다.

신용보증기금에서 가능한 대출의 종류

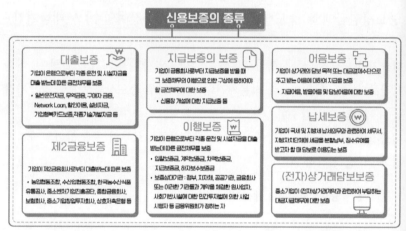

출처: 신용보증기금 재가공

신용보증기금에서는 위와 같이 다양한 대출종류가 있다. 신용보증기금 홈페이지(www.kodit.co.kr) 또는 대표번호(1588-6565)로 문의하면 각 사업체에 맞는 맞춤형 상담을 받을 수 있다.

은행대출 금리 산정

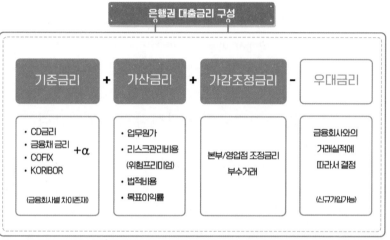

출처:은행연합회 자료 재가공

 대출을 막상 받으려고 하는데 CD금리, 금융채 금리, COFIX 등 생소한 용어가 많고 내용이 어려워서 어떤 대출을 받아야 하는지 고민이 될 것이다.
 뉴스에서는 가산금리는 떨어졌다고 하는데, 대출금리는 올라갔다고 하는데, 가산금리가 올라가야 대출금리도 올라가야 하는 것 아닌가? 이번 내용은 대출금리 산정에 대해서 자세히 다뤄본다. 먼저 은행권 대출금리 구성은 위표로 정리해 봤다.

대출관련 터푸가이 추천 사이트

1.금융상품 한눈에(www.finlife.fss.or.kr)
2.대출상품 한눈에(www.kinfa.or.kr)
3.은행연합회(www.kfb.or.kr)
4.대출비교플랫폼, 핀다(finda.co.kr)

대출금리의 결정

대출금리는 여러 금리의 합산으로 계산된다. 한마디로 모든 금리에 기준이 되는 '기준금리', 은행에서 비용과 수익 등을 합친 '가산금리', 마지막으로 조정되는 '가감조정금리' 이렇게 세 가지로 나눌 수 있다.

대출금리 = 기준금리 + 가산금리 − 우대금리

대출금리를 산정할 때는 은행마다 조금씩 다르지만, 가장 기초가 되는 부분은 '기준금리'다. 대출금리에서 말하는 기준금리는 여러 가지가 적용되지만 가장 대표적으로 적용되는 것이 코픽스(COFIX, Cost of Fund Index)다. 코픽스는 국민·신한·우리·KEB하나·농협·기업·SC제일·씨티 등 8개 은행이 자금을 구하는 평균 비용을 산출한 금리다. 쉽게 말해서, 은행들이 돈을 구하는 데 들어가는 비용의 평균이다. 은행들은 금융소비자들의 예/적금 외에도 다양한 방법을 통해 대출에 필요한 자금을 마련한다.

우리나라 주요 기준금리

구분	CD금리	금융채 금리	COFIX	KORIBOR
발표기관	금융투자협회	신용평가회사	은행연합회	
내용	양도성 예금증서의 유통수익률	신용등급별 / 만기별 무담보 채권의 유통금리	국내 주요은행의 자금조달 비용을 고려한 금리	국내 은행 간 대차 시장에서의 단기 기준금리

은행의 대표적인 대출 기준금리는 다음과 같다.

변동금리대출의 대출금리 변동 시 기준이 되는 금리 등을 의미하며, 은행은 COFIX, 금융채·CD 금리 등 공표되는 금리를 대출 기준금리로 사용하고 있다.

COFIX : 은행연합회가 국내 주요 8개 은행들의 자금조달 관련 정보를 기초로 산출하는 자금조달비용지수로서 "신규취급액기준 COFIX", "잔액기준 COFIX", "신 잔액기준 COFIX", "단기 COFIX"로 구분 공시됨(세부내용은 은행연합회 소비자포털 홈페이지 COFIX 개요 참조)

CD 금리 : 금융투자협회가 발표하는 양도성 예금증서(CD, Certificate of Deposit)의 유통수익률로서 3개월 CD 금리가 대표적인 단기 기준금리임

금융채 금리 : 금융기관이 발행하는 무담보 채권의 유통금리로서 민간 신용평가기관이 신용등급별, 만기별로 발표

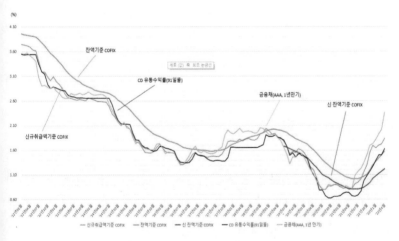

〈대출 기준금리별 변동 추이〉   출처 : 은행연합회

위 표는 대출 기준금리별 변동 추이를 나타내는 그래프다.

등락폭이 대부분 비슷하게 움직인다.

고정금리, 변동금리, 혼합금리의 장단점

<u>대출금리의 종류에는 어떤 것들이 있나요? (대출금리는 한 번 결정되면 바뀌지 않나요?)</u>

대출금리 종류는 크게 고정금리 방식, 변동금리 방식, 혼합금리 방식의 세 가지가 있습니다.

종류	운용 형태	특징	장점	단점
고정금리	금리 / 기간	대출 실행시 결정된 금리가 대출 만기까지 동일하게 유지	시장금리 상승기에 금리 인상이 없음, 대출기간 중 월이자액이 균일하여 상환계획 수립 용이	시장금리 하락기에 금리 인하 효과가 없어 변동금리보다 불리, 통상 대출 시점에는 변동금리보다 금리가 높음
변동금리	금리 / 기간	일정 주기(3/6/12개월 등)마다 대출 기준금리의 변동에 따라 대출금리 변동※	시장금리 하락기에는 이자 부담 경감 가능, 통상 대출 시점에는 고정금리 방식보다 금리가 낮음	시장금리 상승시 이자 부담이 증가될 수 있음
혼합금리	금리 / 고정금리 적용, 변동금리 적용 / 기간	고정금리 방식과 변동금리 방식이 결합된 형태(통상 일정기간 고정금리 적용 후 변동금리 적용)	금융소비자의 자금계획에 맞춰 운용 가능	

※ 변동금리 적용 예시

금리재산정 주기가 3개월인 변동금리 대출의 경우, 당초 계약 당시 2.0%였던 대출 기준금리가 3개월 후 2.5%로 0.5%p 상승하였다면 대출금리도 이에 따라 0.5%p 상승

출처: 은행 연합회

위 표는 고정금리, 변동금리, 혼합금리의 특징들과 장단점을 정리한 표다. 금리 인상기에는 변동금리보다 이율이 높더라도 고정금리가 유리하고, 지금 같은 시기에는(금리동결 또는 금리인하 기조) 변동금리가 다소 유리하다. 또한 혼합금리를 선택해서 금리 인상기에는 고정금리로 일정기간 이후에는 변동금리가 적용되는 장점이 있다.

P2P 대출

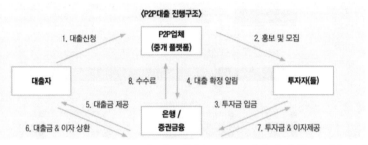

출처: 연합뉴스29, 예탁결제원 크라우드넷

 P2P대출은 개인 혹은 다수의 투자자들이 자금을 필요로 하는 개인이나 기업에게 금융기관을 거치지 않고 온라인을 통해 자금을 빌려주는 거래 서비스를 의미한다. 이때 금리는 약 5~15% 수준으로, 시중 은행보다는 높고, 제2금융권보다 비슷하거나 높다. 실무에서는 기존 1~2금융권 대출이 어려운 중,저신용자들이 이용하기도 하고 브릿지대출, 건축자금 등 단기로 사용하기도 한다.

은행별 대출금리 비교사이트

대출금리비교

출처: 은행연합회

은행연합회 홈페이지에 접속하면 아래와 같이 각 은행별로 금리를 쉽게 알아 볼 수 있다.

개인사업자 대출 금리 비교 조회 방법

은행연합회 홈페이지 – 소비자포털 – 중소기업대출금리 – 조회 할 은행 선택 - 공시년월 – 개인사업자 – 물적담보대출 – 대출금리 또는 대출금리 상세보기 선택

대출모집인 제도

 대출모집인이란 금융회사의 대출모집 업무를 위탁받는 계약을 맺고, 대출 상품 소개와 상담, 신청서 접수 및 전달 등 금융회사 가 위탁한 업무를 수행하는 '대출상담사'와 '대출모집법인'을 말한다. '대출상담사'는 금융회사 직원은 아니며 금융회사의 대출모집업무를 위탁 받아 수행하는 사람이다.

 금융업협회에서는 대출모집인 등록제도를 시행하여 대출모집인들의 인적사항, 소속금융회사, 등록번호 등을 체계적으로 관리하고 있고, 100명 이상인 법인과 온라인 영업을 하는 곳은 금융감독원에 등록하도록 하고 있다. 필자도 대출을 권유하는 문자나 전화를 받은 적이 많이 있다. 대출권유 금융회사와 계약한 대출상담사 인지 반드시 먼저 확인해야 한다.

 은행연합회 대출성 상품모집인 조회 서비스에서는 금융소비자가 거래하고자 하는 대출상담사가 금융회사와 대출 모집업무를 위탁 계약한 정식 대출상담사인지 확인 할 수 있다. 대출성 금융상품 판매대리 및 중개업자 통합조회 서비스는 (https://www.loanconsultant. or.kr)에서 대출모집인의 등록번호와 성명을 모두 입력하면 조회가 가능하다.

 보이스 피싱은 항상 조심해야 한다. 일단 보이스 피싱을 당하면 은행 내부 등급 및 개인 신용점수가 많이 깎인다. 이런 경우 추후 1~2년간 대출이 제한될 수 있으니 항상 조심해야 한다.

신용등급별 금리현황 (개인)

(개인) 신용대출 신용등급별 금리현황

신용대출 신용등급별 금리현황 ※ 공시(정보)자산·건전성, 리스크정보) ② 소비자보호실태평가 결과

은행	구분	신용등급별 금리(%)						참고사항
		1~3등급	4등급	5등급	6등급	7~10등급	평균금리	
BNK경남은행	대출금리	5.36	6.86	8.40	6.65	4.86	5.42	
BNK부산은행	대출금리	5.66	6.20	6.46	7.99	8.87	5.93	
DGB대구은행	대출금리	4.62	6.11	7.39	11.04	13.00	6.21	
IBK기업은행	대출금리	4.73	4.82	5.11	7.09	8.21	5.74	
KB국민은행	대출금리	5.47	6.70	8.83	9.21	8.46	5.79	
KDB산업은행	대출금리	-	-	-	-	-	8.28	
NH농협은행	대출금리	5.14	6.10	7.58	9.97	12.49	5.58	
SC제일은행	대출금리	-	-	-	-	7.34	7.34	
Sh수협은행	대출금리	5.75	5.98	6.87	9.84	14.91	6.83	
광주은행	대출금리	6.16	6.22	7.36	8.75	10.62	7.02	
신한은행	대출금리	5.80	5.96	6.93	10.40	11.47	6.12	
우리은행	대출금리	4.38	5.87	7.29	8.93	11.56	5.33	
전북은행	대출금리	7.18	8.45	9.44	10.41	13.16	7.93	
제주은행	대출금리	6.06	6.27	7.21	8.25	11.53	6.42	
카카오뱅크	대출금리	5.24	7.38	9.00	-	-	5.99	
케이뱅크	대출금리	5.52	6.53	-	-	-	5.79	
토스뱅크	대출금리	6.03	6.58	9.31	12.68	12.07	8.05	
하나은행	대출금리	5.14	4.68	5.07	6.71	7.23	5.17	
한국씨티은행	대출금리	6.74	-	6.83	7.07	-	6.77	2022.02.15 부터 개인사업자 및 법인(개인)(10억 이하) 알 신규 중단

* 본 자료는 2023년 2월 ~ 2023년 4월 동안 취급된 대출을 기준으로 작성한 자료입니다. (대출금리 = 기준금리 + 가산금리 - 가감조정금리)

출처: 은행연합회

위 표는 개인의 신용등급별 대출금리를 나타낸 표다. 1등급이라고 해도 은행별 금리는 차이가 있다. 그래서 최대한 다수의 은행을 접촉해 보고 알아보는 게 중요하다.

신용등급별 금리현황 (기업)

(기업) 신용대출 신용등급별 금리현황

신용대출 신용등급별 금리현황   ⓐ 공시정보(재무상황, 리스크정보) ⓑ 소비자보호실태평가 결과

은행	구분	신용등급별 금리(%)						참고사항
		1~3등급	4등급	5등급	6등급	7~10등급	평균금리	
BNK경남은행 ⓐⓑ	대출금리	5.56	5.32	6.24	6.96	7.85	5.81	
BNK부산은행 ⓐⓑ	대출금리	5.35	6.13	7.20	6.76	9.38	6.54	
DGB대구은행 ⓐⓑ	대출금리	4.72	5.73	6.78	8.47	11.32	6.41	
IBK기업은행 ⓐⓑ	대출금리	4.65	5.73	7.46	8.93	7.59	5.72	
KB국민은행 ⓐⓑ	대출금리	4.97	6.03	7.60	10.32	9.14	6.18	
KDB산업은행 ⓐⓑ	대출금리	4.65	5.38	6.13	8.12	8.66	5.38	
NH농협은행 ⓐⓑ	대출금리	5.22	5.53	6.67	10.03	11.87	6.18	
SC제일은행 ⓐⓑ	대출금리	·	·	·	·	7.34	7.34	
Sh수협은행 ⓐⓑ	대출금리	5.78	6.71	7.13	9.27	14.09	6.38	
광주은행 ⓐⓑ	대출금리	6.28	6.28	6.77	8.16	9.27	6.62	
신한은행 ⓐⓑ	대출금리	4.67	4.96	6.29	10.43	11.04	5.68	
우리은행 ⓐⓑ	대출금리	5.38	5.47	6.44	11.15	11.38	5.92	
전북은행 ⓐⓑ	대출금리	6.16	6.79	7.78	11.40	13.92	7.99	
제주은행 ⓐⓑ	대출금리	5.85	6.00	6.59	8.51	8.60	6.46	
하나은행 ⓐⓑ	대출금리	4.84	4.61	5.96	6.76	8.16	5.39	
한국씨티은행 ⓐⓑ	대출금리	5.81	4.76	4.81	·	·	6.02	2022.02.15부터 개인사업자 및 법인(매출액100억이하) 잔 신규 중단

* 본 자료는 2023년 2월 ~ 2023년 4월 동안 취급된 대출을 기준으로 작성한 자료입니다. (대출금리 = 기준금리 + 가산금리 - 가감조정금리)

출처: 은행연합회

위 표는 기업의 신용등급별 대출금리를 나타낸 표다. 1등급이라고 해도 은행별 금리는 차이가 있다. 그래서 최대한 다수의 은행을 접촉해 보고 알아보는 게 중요하다.

금리구간별 취급비중 (개인)

(개인)물적담보대출 금리 구간별 취급비중

물적담보대출 금리구간별 취급비중   (단위: %) 엑셀 좋아하기

은행	4%미만	4~5%미만	5~6%미만	6~7%미만	7~8%미만	8~9%미만	9~10%미만	10%이상	합계	평균금리
BNK경남은행	6.3	18.2	57.9	13.0	2.9	1.5	0.1	0.1	100.0	5.40
BNK부산은행	2.1	24.4	61.5	10.5	1.1	0.4	0.0	0.0	100.0	5.37
DGB대구은행	4.8	22.0	62.7	9.1	1.0	0.4	0.0	0.0	100.0	5.33
IBK기업은행	6.9	43.9	43.7	5.4	0.1	0.0	0.0	0.0	100.0	5.01
KB국민은행	1.6	17.6	71.6	7.3	1.9	0.0	0.0	0.0	100.0	5.44
KDB산업은행	0.0	0.0	100.0	0.0	0.0	0.0	0.0	0.0	100.0	5.44
NH농협은행	3.4	20.2	64.9	11.0	0.5	0.0	0.0	0.0	100.0	5.33
SC제일은행	0.2	13.0	83.7	3.0	0.1	0.0	0.0	0.0	100.0	5.45
Sh수협은행	0.2	10.9	57.2	23.3	5.3	0.6	1.9	0.6	100.0	5.81
광주은행	4.3	3.3	44.1	47.0	1.2	0.1	0.0	0.0	100.0	5.86
신한은행	1.3	18.9	72.5	7.0	0.2	0.1	0.0	0.0	100.0	5.36
우리은행	1.6	12.1	70.0	15.0	0.9	0.2	0.1	0.1	100.0	5.53
전북은행	0.6	1.6	72.6	24.1	0.9	0.2	0.0	0.0	100.0	5.74
제주은행	0.0	3.6	63.7	29.1	2.7	0.4	0.3	0.2	100.0	5.89
카카오뱅크	0.0	0.0	0.0	0.0	0.0	0.0	0.0	0.0	0.0	0.00
케이뱅크	0.0	0.0	0.0	0.0	0.0	0.0	0.0	0.0	0.0	0.00
토스뱅크	0.0	0.0	0.0	0.0	0.0	0.0	0.0	0.0	0.0	0.00
하나은행	2.6	16.1	68.6	12.4	0.2	0.1	0.0	0.0	100.0	5.48
한국씨티은행	0.0	0.2	40.3	59.1	0.4	0.0	0.0	0.0	100.0	6.08

* 본 자료는 2023년 2월 ~ 2023년 4월 동안 취급된 대출을 기준으로 작성된 자료입니다.

출처: 은행연합회

위 표는 개인 물적담보 대출구간금리를 나타낸 표다. 2023년 5월 기준으로는 5~6%대 대출이 가장 많은 비중을 차지 하고 있다.

금리구간별 취급비중 (기업)

물적담보대출 금리구간별 취급비중   (단위 : %)   엑셀 송력받기

은행	4%미만	4~5%미만	5~6%미만	6~7%미만	7~8%미만	8~9%미만	9~10%미만	10%이상	합계	평균금리
BNK경남은행	7.7	20.1	51.1	16.9	2.9	0.8	0.3	0.2	100.0	5.38
BNK부산은행	3.7	21.3	51.5	21.3	1.9	0.3	0.0	0.0	100.0	5.48
DGB대구은행	7.0	21.0	54.5	15.6	1.0	0.6	0.0	0.3	100.0	5.35
IBK기업은행	14.4	33.9	46.3	5.3	0.1	0.0	0.0	0.0	100.0	4.92
KB국민은행	3.0	24.8	63.1	6.7	2.3	0.1	0.0	0.0	100.0	5.34
KDB산업은행	17.5	53.8	28.4	0.3	0.0	0.0	0.0	0.0	100.0	4.65
NH농협은행	4.3	18.5	63.9	12.0	1.1	0.1	0.0	0.1	100.0	5.36
SC제일은행	0.1	12.8	74.8	12.2	0.1	0.0	0.0	0.0	100.0	5.52
Sh수협은행	0.2	3.7	37.5	17.7	38.4	1.9	0.5	0.1	100.0	6.41
광주은행	3.4	2.8	52.3	39.2	2.0	0.2	0.1	0.0	100.0	5.85
신한은행	5.1	20.1	65.5	8.3	0.7	0.2	0.1	0.0	100.0	5.29
우리은행	3.2	17.4	65.5	12.1	0.9	0.4	0.2	0.3	100.0	5.43
전북은행	1.6	2.8	67.0	24.7	2.3	0.8	0.8	0.0	100.0	5.78
제주은행	0.0	5.8	64.7	24.1	3.0	0.7	1.0	0.7	100.0	5.88
하나은행	6.6	21.4	57.3	13.5	0.9	0.1	0.1	0.1	100.0	5.36
한국씨티은행	0.0	0.2	38.2	61.3	0.3	0.0	0.0	0.0	100.0	6.11

* 본 자료는 2023년 2월 ~ 2023년 4월 동안 취급된 대출을 기준으로 작성한 자료입니다.

 위 표는 기업 물적담보 대출구간금리를 나타낸 표다. 2023년 5월 기준으로는 5~6%대 대출이 가장 많은 비중을 차지 하고 있다.

금리인하 요구권

금리인하요구권을 행사할 수 있는 경우

사유	내용
신용점수 상승	외부 신용평가기관(NICE, KCB 등)의 신용점수가 크게 상승한 경우
자산증가 또는 부채감소	자산증가, 부채감소, 새로운 담보제공, 새로운 특허 취득 등으로 재산상 변화가 발생한 경우
임금 상승	연소득이 높아졌거나 연소득이 높은 곳으로 이직하게 된 경우
취업	무직자가 취업에 성공해 대출 상환능력이 생긴 경우
직장 변동	정부기관 취업, 전문자격증(의사, 변호사, 회계사 등) 취득으로 신용점수가 상승한 경우

출처:은행연합회 자료 재가공

금리인하요구권이란 개인 또는 기업이 은행에서 대출을 받은 이후 신용상태가 개선되는 등의 요건에 해당되는 경우 기존의 대출 금리를 인하해달라고 요청할 수 있는 권리를 제도화한 것이다. 취업에 성공했거나 전문직이된 경우, 자산이 대폭 증가한 경우 등 신용점수에 큰 변동이 생기면 기존에적용 받은 대출 금리의 인하를 요구할 수 있다.

개인대출 금리인하 요구 사유 : 직장변동, 연소득변동, 거래실적변동, 신용점수 상승, 자산증가, 부채감소, 연소득변동

기업대출 금리인하 요구 사유 : 기업 신용평가 상향, 특허권 및 실용신안취득, 재무상태 개선, 은행 내부등급 상향

금리인하요구권 운영실적 현황 (단위 : 건, 백만원, %)   공시(정보/재무상황, 리스크정보) 소비자보호실태평가 결과   작성 클릭하기

은행	구분	대출구분	신청건수(A)	수용건수(B)	이자감면액	인하금리	수용률(B/A)	비대면 신청률	참고
카카오뱅크	가계대출	신용	194,023	46,903	2,910	0.59	24.2	100.0	
		담보	135,601	30,184	275	0.04	22.3	100.0	
		(주택담보)	596	59	4	0.04	9.9	100.0	
		소계	329,624	77,117	3,185	0.26	23.4	100.0	
	기업대출	신용	103	15	1	0.40	14.6	100.0	
		담보	·	·	·	·	·	100.0	
		소계	103	15	1	0.40	14.6	100.0	
	전체합계		329,727	77,132	3,186	0.30	23.4	100.0	
우리은행	가계대출	신용	97,823	49,793	2,273	0.16	50.9	99.6	
		담보	67,724	12,717	787	0.05	18.8	99.4	
		(주택담보)	15,747	3,186	250	0.06	20.2	99.3	
		소계	165,547	62,510	3,060	0.10	37.8	99.5	
	기업대출	신용	86	63	51	1.14	73.3	·	
		담보	841	494	637	0.29	58.7	·	
		소계	927	557	688	0.31	60.1	·	
	전체합계		166,474	63,067	3,748	0.12	37.9	99.0	
토스뱅크	가계대출	신용	117,996	22,030	3,794	0.73	18.7	100.0	
		담보	·	·	·	·	·	·	
		(주택담보)	·	·	·	·	·	·	
		소계	117,996	22,030	3,794	0.73	18.7	100.0	
	기업대출	신용	11,667	3,245	869	0.79	27.8	100.0	
		담보	·	·	·	·	·	·	
		소계	11,667	3,245	869	0.79	27.8	100.0	
	전체합계		129,663	25,275	4,663	0.70	19.5	100.0	

출처: 은행연합회

위 표는 금리인하요구권 (개인) 은행별 실적현황표다. 어떤 은행이 금리인 하요구를 많이 수용했는지 수치로 알아 볼 수 있어서 편리하다.

(보는 방법 : 은행연합회 홈페이지 접속 -> 금리인하권 은행 실적현황)

금리인하요구권 운영실적 현황_기업대출신청건수

은행	구분	대출구분	신청건수(A)	수용건수(B)	이자감면액	인하율(%)	수용률(B/A)	비대면신청률	비고
신한은행	가계대출	신용	65,056	21,520	3,369	0.72	33.1	89.8	
		담보	41,704	10,841	488	0.04	26.2	99.4	
		(주택담보)	15,316	4,312	275	0.04	28.3	99.3	
		소계	106,760	32,489	3,835	0.25	30.4	89.5	
	기업대출	신용	3,234	811	730	1.32	25.1	95.4	
		담보	26,426	11,787	1,674	0.15	44.6	97.1	
		소계	29,660	12,598	2,412	0.20	42.5	96.9	
	은행합계		136,420	45,087	6,247	0.20	33.0	99.0	
토스뱅크	가계대출	신용	117,996	22,530	3,794	0.73	18.7	100.0	
		담보	·	·	·	·	·	·	
		(주택담보)	·	·	·	·	·	·	
		소계	117,996	22,530	3,794	0.73	18.7	100.0	
	기업대출	신용	11,667	3,245	969	0.79	27.8	100.0	
		담보	·	·	·	·	·	·	
		소계	11,667	3,245	969	0.79	27.8	100.0	
	은행합계		129,663	25,775	4,663	0.70	19.5	100.0	
케이뱅크	가계대출	신용	9,113	4,253	270	0.53	52.4	95.4	
		담보	390	167	27	0.12	43.0	99.7	
		(주택담보)	117	30	3	0.07	25.6	99.7	
		소계	9,501	4,420	297	0.40	52.0	90.0	
	기업대출	신용	2,503	2,426	7,906	1.01	96.9	-	
		담보	5,469	5,313	23,904	0.46	97.1	-	
		소계	7,972	7,739	31,810	0.54	97.1	-	
	은행합계		16,473	12,159	32,107	0.53	73.8	50.6	

출처: 은행연합회

위 표는 금리인하요구권 (기업) 은행별 실적현황표다. 어떤 은행이 금리인 하요구를 많이 수용했는지 수치로 알아 볼 수 있어서 편리하다.

(보는 방법 : 은행연합회 홈페이지 접속 -> 금리인하권 은행 실적현황)

아부작침

도끼를 갈아 바늘을 만든다는 뜻으로,
아무리 어려운 일이라도
끈기있게 노력하면
이룰 수 있음을 비유

보이스피싱 피해예방

보이스피싱 피해예방

정의 및 특징	사기유형별 예방방법	은행전화번호 진위확인	주요제도 안내	홍보물

◐ 서비스 개요

○ '은행전화번호 진위확인 서비스'는 은행에서 고객을 대상으로 전화 및 문자를 발송할 때 사용하는 전화번호를 조회할 수 있는 서비스입니다.

◐ 확인 방법

○ 해당 은행명과 수신한 전화 혹은 문자의 발신번호를 아래 조회창에 입력 후 조회하기 버튼을 누르면 됩니다.
  ※해당은행의 진정한 전화,문자로 조회되더라도 정보 및 수신한 전화·문자에 대한 상세 내역은 해당은행에 확인하셔야 됩니다.
  (은행연합회에서는 상세한 내역 확인 불가합니다.)
  ※은행을 사칭한 보이스피싱 등 사기를 예방하기 위하여 악성앱 설치 여부 확인 등 추가적인 확인 및 예방 절차를 취하시기 바랍니다.

은 행 명   ···은행을 선택하십시오··· ▼

전화번호

검색

출처: 은행연합회

보이스피싱을 예방하는 좋은 방법 두가지를 공유한다.

첫째, 연락중지청구서비스 신청이다. 연락중지청구서비스는 본인이 원하지 않는 금융회사로부터 마케팅 등 영업목적의 전화와 문자 수신을 거부할 수 있는 서비스다. 연락중지청구시스템 홈페이지(www.donotcall.or.kr)에서 본인인증 후에 신청할 수 있으며 한번 신청하면 유효기간은 2년이다. 금융기관별로 지정이 가능하고 금융기관 전체를 한 번에 지정할 수 있다. 철회는 언제든 가능하며 연락중지 청구시스템 홈페이지에서도 가능하고 개별 금융회사에 취소 요청할 수 있다.

둘째, 은행전화번호 진위확인이다. 은행연합회 홈페이지에 접속해서 보이스피싱 피해예방에 들어가면 위와 같이 은행전화번호 진위확인이 가능하다.

대출금리와 지식산업센터 매매가 상관관계

그림 9ㅣ 서울 지식산업센터 매매가격지수

(2006.1Q=100) (전년동기대비, %)

변동률(우) 매매지수(좌)

'06.4Q '08.4Q '10.4Q '12.4Q '14.4Q '16.4Q '18.4Q '20.4Q

자료: 한국지역개발연구소

그림 10ㅣ 서울 지식산업센터/오피스 매매가격지수 비교

(2006.1Q=100) (%)

지식산업센터(좌)
오피스(좌)
시설자금대출금리(우)

'06.4Q '08.4Q '10.4Q '12.4Q '14.4Q '16.4Q '18.4Q '20.4Q

자료: 한국지역개발연구소, IGIS Research, 한국은행

위 한국지역개발연구소, IGIS Research, 한국은행 자료를 보면 서울 지식산업센터/오피스 매매가격지수와 대출금리가 밀접한 관계가 있음을 알 수 있다.

위 빨강색 동그라미로 표기한 시점이 오피스와 지식산업센터 매매가격지수가 폭등한 시기다. 주택시장 규제로 인해 반사이익으로 지식산업센터로 자금이 몰리기도 한 시기다.

'18~'19년도에 저금리를 유지하다가 '20년도에 들어오면서 코로나19로 인해 초저금리로 낮추면서 수익형 부동산의 꽃인 지식산업센터로 많은 투자자와 실입주자들이 모여 들면서 폭등하는 시기를 맞이했다.

지금은 정 반대로 금리가 높은 시기이지만, 2023~2024년도에 다시 금리가 낮아진다면 지식산업센터/오피스 매매가격은 다시 반등하는 시기가 올 것이다.

미국금리 제대로 예측해보기!
(feat. Fedwatch tool 활용법 공개)

Hope for the best and Prepare for the worst
(최선을 바라되, 최악의 상황을 대비하라)

대출은 금리와 밀접한 연관이 있어서 항상 미국&한국 금리를 모니터링 하는 게 중요하다.

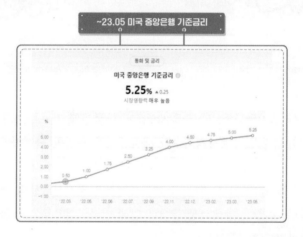

출처: 네이버 _ 2023년 5월 미국금리

최근 급격한 금리인상으로 많이 혼란스러워 하는데, 우리와 같은 일반인들도 나름 객관적으로 금리변동 여부를 예측 해 볼 수 있는 좋은 사이트가 있어서 공유한다.

위 사진은 현재 미국금리를 나타내며 2025년 5월 현재 5.2%다. 금리가 올라가는 속도가 진짜 드라마틱하게 올라갔다.

FED Watch란 무엇인가? 미국 연방준비위원회(연준)에서 미국 기준금리를 결정한다. 미 연준은 FOMC(연방 공개 시장 위원회)에서 금리를 결정한다. 그래서 FOMC 회의 전 부동산, 경제&경영 유튜버들이 그 난리를 치는 것이다. 많은 분들이 이 회의를 보면서 향후 금리를 전망하며 투자의 방향성을 설정한다.

FED Watch는 금리변경 확률을 예측한다. FED Watch tool 사이트는 일반인들도 쉽게 미 연준은 FOMC(연방 공개 시장 위원회)에서 금리를 예측해 볼 수 있는 한마디로 보기 쉽게 만들어진 사이트다. 위 사이트가 영어로 되어있고 여러가지 기능이 있는데, 아래와 같이 쉽게 설명 하겠다. 가장 중요한 세가지만 쉽게 보고 분석하면 된다.

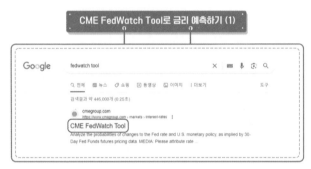

** 사이트 접속하기

먼저 google에서 "fedwatch tool"이라고 검색하시면 아래와 같이 CME FedWatch Tool 사이트가 나온다.

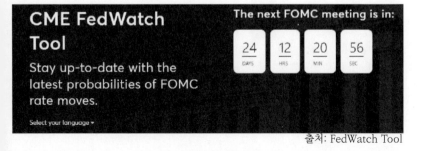

출처: FedWatch Tool

첫째, 현재 시점에서 금리를 예측하기! (Current)

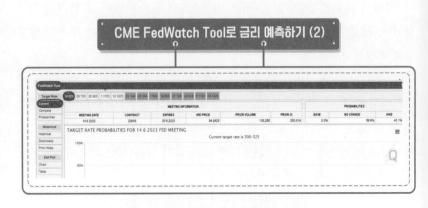

메인 페이지에서 아래 표시한 부분만 클릭하시면 된다.

current - 14 623 (2023년 6월 14일)

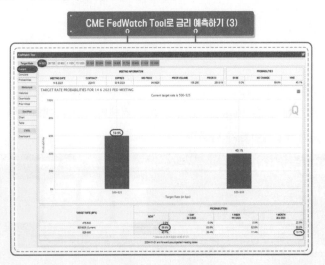

Current는 현재 시점에서 다음 금리결정 회의 시 어느정도 금리가 변동폭

이 결정될지를 예측한다. 1bp = 0.01%라는 의미다. 필자가 칼럼을 작성하고 있는 2023년 5월 26일 오후 4시경 기준으로는 2023년 7월 금리결정시 5.25~5.5%가 될 가능성이 약 49%로 우세하다.

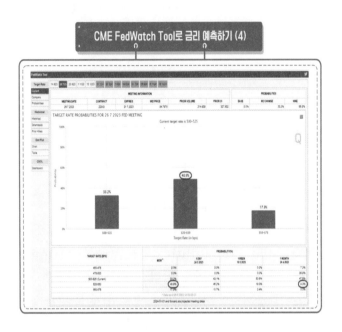

이 그래프를 보면 다음 미 연준에서 금리동결 또는 베이비스텝(0.25%) 가능성이 높아 보인다. 여기서 중요한 부분은 그래프 밑에 Target RATE(bps) 추세를 잘 봐야 한다! 필자가 동그라미로 표시한 것처럼, 불과 1달전(1 MONTH)에는 5.52~5.50%가 9.3%로 열세했는데 현재(NOW)는 48.9%로 우세하다. 이것처럼 1달전, 1주일전, 현재까지의 추세가 어떻게 변하는지를 잘 모니터링 하는 게 중요하다.

둘째, 확률로 금리를 예측하기!
Probabilities(확율, 가능성)

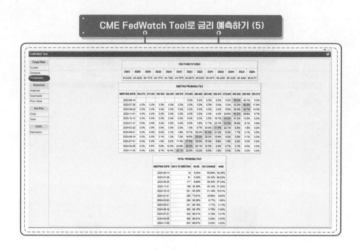

아래 밑줄로 표시한 Probabilities(확율,가능성) 탭을 클릭하면 위처럼 표가 나온다. 매년 미 연준 금리 회의는 약 7~8번 진행하는데 2023.06~2024.11월까지의 금리 향방을 표로 쉽게 볼 수가 있다. 한마디로 아래처럼 2023년 하반기 이후에 금리가 인하 될 가능성이 높아 보인다.

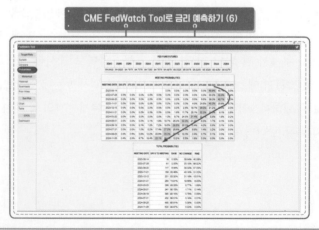

셋째, 점도표로 금리를 예측하기!
Dot Plot Chart

 FOMC는 3, 6, 9, 12월 정례회의 이후 경제전망 등을 수정·발표하면서
FOMC 위원들의 금리 전망이 담긴 '점도표'(Dot Plot)를 공개한다.
금리전망을 점을 찍어서 표기한다.
 아래 표를 보시면 2023년 이후 하향세로 보고 있다.

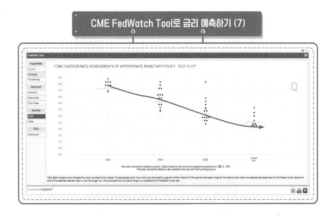

대출용어 제대로 이해하기

한정근 담보란?

특정한 종류의 거래에 대하여 이미 맺어져 있거나 앞으로 맺을 거래
계약으로부터 현재 발생되어 있거나 앞으로 발생하게 될 채무를 모두
담보하는 의미다. 예를 들어 여신분류표에 '시설자금대출'만 선택 지
정하였다면 채권자(은행)는 그 계정에 대해서만 담보권을 갖게 된다.
대출연장, 대환대출, 추가운영자금 대출 등이 발생할 때도 절차상 비
용 발생이 없는 장점이 있어서 은행에서는 주로 한정근 담보를 사용한
다.

아래 점도표 변화 추세를 다시 한번 잘 기억해두기 바란다.

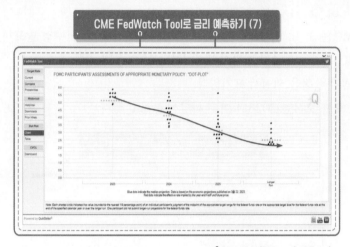

자료: FedWatch Tool

아래표는 2023년 5월 기준, 한미 기준금리 격차다.

자료: 뉴시스

Fedwatch tool만 잘 이용하면 금리를 쉽게 예측 할 수 있는 게 아니다.

결론은 아무도 믿으면 안 된다!

아래 뉴스 기사를 보면, 2021년 3월 뉴스인데 미 연준 의장이 2023년까지 제로금리 유지한다고 하더니 지금 미국 기준금리가 5.25%다. 많은 전문가들이 말하기를 "금리는 신도 맞추기 어려운 영역"이라고도 한다. 어설픈(?) 예측 보다는 우리 같은 일반인들도 금리 향방에 대해 공부하면서 그때 그때 상황에 잘 대처하는 게 중요한 시기다.

美연준, 2023년까지 제로금리 유지 전망…"올해 성장률 6.5%"[인더머니]
[헤럴드경제=홍성원 기자]미국 중앙은행인 연방준비제도(Fed·연준)가 경제 회복에 속도를 ...
n.news.naver.com

대출이자가 임대료보다 높아졌다면 10년 비용공제를 이용하자!

최근 급격한 대출이자 상승으로 잠 못 드는(?) 사람들이 많이 있다.

2023년 5월 현재, 지식산업센터 신규 사업자대출 금리가 4~5%대가 되다보니, 대출이자가 임대료보다 높아지는 역전현상이 곳곳에서 일어나고 있다.

이럴 경우 종합소득세라도 적게 내니 비용공제를 이용해보자. 지식산업센터 관련 시설자금대출 및 운영자금대출은 비용처리가 가능하다. 사업자대출은 비용공제가 가능하니, 2023~2024년에 금리가 내려가더라도 '이월결손금'으로 등록하면 최대 10년간 비용을 공제 받을 수 있다.

매년 5월 종합소득세 신고 시 다른 소득과 합산하여 계산하므로 사업자 전체 영업이익이 마이너스가 되지 않도록 담당 세무대리인과 상담을 통해서 진행하길 추천한다.

대출 갈아타기 온라인 원스톱으로 쉽고 편리하게

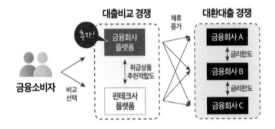

대환대출 시장 참여자와 정보제공 확대

◇ 금융회사가 대출비교 서비스 제공자(대출비교시장)로서 대환대출 시장에 참여할 수 있도록 하겠습니다.

◇ 금융소비자의 의사결정에 필요한 정확한 기존대출 정보(각종 수수료 등)를 대출비교 단계(플랫폼)에서 미리 확인할 수 있도록 하겠습니다.

출처: 금융위원회

최근 금리상승으로 인한 금융소비자의 이자부담을 경감하기 위해, 정부에서 금융소비자가 손쉽게 더 낮은 금리의 대출로 이동할 수 있도록 신속하고 편리한 [온라인 · 원스톱 대환대출] 인프라를 구축하고 있다.

2023년 5월(잠정) 중 운영 개시를 목표로 대출이동 시스템 구축을 추진중에 있는데, 이 시스템이 구축되면 이제 일반 소비자들도 손쉽게 대환대출이 가능하리라 본다.

대출 금리깎기 4계명

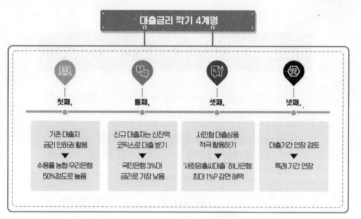

최근 금감원 및 정치권에서 '이자 장사' 경고가 은행들의 금리 정책에 영향을 미쳐 각 은행별 금리가 이례적으로 낮은 사례도 나온다고 한다. 대출금리는 대출 차주의 능력에 따라서 변할 수 있고 특히 협상을 통해서 유리한 조건으로 변경 할 수 있다. 은행별로 케이스는 다 다르니, 아래 4가지를 다양하게 시도해 보길 추천한다.

첫째, 기존 대출자 금리 인하권 활용
=〉수용률 농협·우리은행 50%정도로 높음

둘째, 신규 대출자는 신잔액 코픽스로 대출 받기
=〉국민은행 3%대 금리로 가장 낮음

셋째, 서민형 대출상품 적극 활용하기
=〉`새희망홀씨대출` 하나은행 최대 1%P 감면 혜택

넷째, 대출기간 연장 검토
=〉특례 기간 연장

대출명의 전략 세우기!

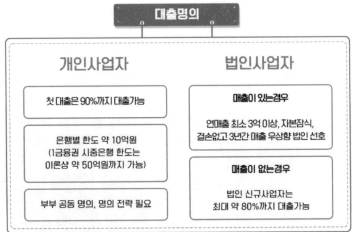

대출명의도 전략이 필요하다. 법인이 없는 경우는 일단 개인사업자로 대출 받는게 유리하다. 첫 대출은 법인 신규사업자 보다는 개인사업자 대출이 더 좋은 조건으로 받을 수 있다. 그러나 개인사업자 대출은 은행별 한도가 약 10억원 이므로, 가족 명의로 분산하는 전략이 필요하고 한 명당 3개 은행 이상 지식산업센터 대출이 있으면 다중 채무자로 분류되니 이 점도 유의해야 한다. 개인사업자 대출을 최대한 사용했다면 이제는 법인으로 넘어가야 한다. 법인 대출은 '매출이 있는 법인'과 '매출이 없는 신규법인'으로 구분 되는데, 매출이 없는 신규법인은 보통 80%정도 대출이 가능하다. 다만, 중도금 대출 같은 경우는 신규법인은 중도금 대출이 불가할 수 있다.

매출도 최소 3억 이상 있고 결손, 자본잠식이 없는 법인은 대출이 잘 나온다. 매출을 꾸준히 키우고 재무제표 관리도 잘 한다면 정부자금 + 시중은행 자금을 콜라보로 활용할 수 있다.

초보자도 바로 써먹는 분양권 대출 & 잔금대출 프로세스 요약

일반매매 잔금대출 Flow(7단계)

1. 은행 담당자에게 물건지 정보로 '탁상 감정가'(가심사로 대출 예상 금액 산정)확인
2. 매매계약서 작성
3. 사업자 등록증 발급
4. 잔금대출 진행할 은행 선택
5. 감정평가사 현장 실사
6. 은행 방문하여 대출 자서 진행
7. 잔금일에 잔금대출 실행(기표)

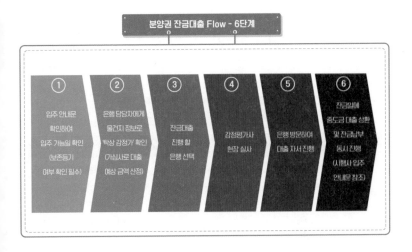

분양권 잔금대출 Flow(6단계)

1. 입주 안내문 확인하여 입주 가능일 확인(보존등기 여부 확인 필)

2. 은행 담당자에게 물건지 정보로 '탁상 감정가'(가심사로 대출 예상 금액 산정)확인

3. 잔금대출 진행할 은행 선택

4. 감정평가사 현장 실사

5. 은행 방문하여 대출 자서 진행

6. 잔금일에 중도금 대출 상환 및 잔금납부 동시 진행(시행사 입주 안내문 참조)

대출자서와 필수구비서류

구분	예시
제1금융권	IBK기업은행, NH농협은행, KB국민은행, 신한은행, 우리은행, 하나은행, SC제일은행, 한국씨티은행 등
제2금융권	산림조합(농협, 수협, 신협), 저축은행, 새마을금고, 지역농협, 지역수협, 우체국예금, 카드사와 캐피탈, 보험회사, 종합금융회사 등

대출자서란 자필서명의 줄임말 이라고 생각하면 된다. 즉 대출자서란 대출을 받기 위해 대출 신청서를 작성하는 것을 말한다. 대출자서를 작성했다고 해서 바로 대출이 실행되는 것이 아니며 대출자서를 하면서 은행원과 대출 실행일(잔금일, 입주일)을 정하게 되는데 그 날짜에 대출이 실행된다.

대출자서는 보통 대출 실행 전 1주~3주전에 작성해야 대출 신청이 용이하다. 대출자서 할 때 사인 및 날인한 문서는 복사본을 요구하고 정독 해보면 큰 도움이 된다.

서류명	용도	발급처
신분증(주민등록증, 운전면허증, 여권 중 택1)	신분 확인	
주민등록등본, 주민등록초본 (인적사항 점점내역포함)	대표 인적사항 확인	주민센터, 정부24사이트, 무인민원발급기, 토스
사업자등록증 혹은 사업자등록증명	사업체 관련 기본 정보 확인	국세청 홈택스, 지역 세무서, 무인민원발급기, 토스
소득금액증명원	사업체 매출 규모 파악	국세청 홈택스, 지역 세무서, 무인민원발급기, 토스
부가가치세 과세표준증명원	사업체 매출 규모 파악	국세청 홈택스, 지역 세무서, 무인민원발급기, 토스
납세증명서(국세완납증명)	세금 체납여부 확인	국세청 홈택스, 지역 세무서, 무인민원발급기, 토스
분양계약서 혹은 매매계약서	사업장 주소지 확인, 매매가(분양가) 및 부가세 확인	

대출 자서 시 필요한 기본서류들은 위와 같다.

대출용어 제대로 이해하기

장래지정형이란?

장래지정형은 장래에 채무자가 은행과 협의 하에 근정당권 결산시기를 지정할 수 있다는 의미다. 한마디로 대출이 끝나는 시점에 대출을 연장할 지, 대출 상환을 할지 정할 수 있다는 의미다. 대출 차주의 채무 상태가 안 좋게 변할 수도 있으니, 은행 입장에서는 대출 만기 때 재심사를 통해 대출을 어떻게 할 지 정한다는 의미로 보면 된다.

1 ~ 3 금융권의 차이점

제1금융권과 제2금융권의 차이

구분	장점	단점
제1금융권	• 전국적으로 지점수가 많아 접근성이 좋다. • 다양한 금융상품을 거래하며, 여러 종류의 거래를 한 곳에서 할 수 있다. (입금금, 예/적금, 공과금 납부, 보험, 환전, 펀드 등)	• 대출 승인 조건이 까다롭다. (담보가 없거나 신용등급이 낮으면 어려움)
제2금융권	• 1금융권 대비 비교적으로 쉽게 대출받을 수 있다. (일반사업자대출, 다주택자 전세대출에 유리) • 대출 한도가 높을 수도 있다.	• 제1금융권에 비해 금리가 높은 편이다. • 제 2금융권 대출이 많으면 신용점수가 떨어질 수 있다.

1금융권과 2금융권의 장단점은 위와 같다.

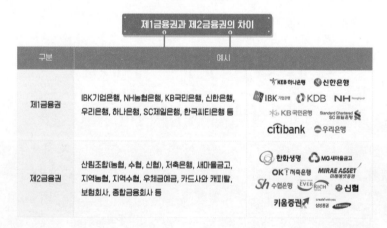

제1금융권과 제2금융권의 차이

구분	예시
제1금융권	IBK기업은행, NH농협은행, KB국민은행, 신한은행, 우리은행, 하나은행, SC제일은행, 한국씨티은행 등
제2금융권	산림조합(농협, 수협, 신협), 저축은행, 새마을금고, 지역수협, 지역수협, 우체국예금, 카드사와 캐피탈, 보험회사, 종합금융회사 등

1금융권과 2금융권의 은행 별 구분은 위와 같다. 1금융권 중앙은행 농협

과 2금융권 단위농협을 구분하는 가장 쉬운 방법은 1금융권 농협 간판에는 "은행"이라는 문구가 붙는다. 예를 들어 "성수W지점농협은행" 이라는 간판을 본다면 1금융권이라고 생각 하면 된다.

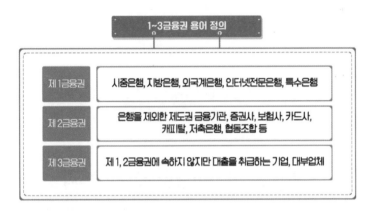

\- **제1금융권** : 시중은행, 지방은행, 외국계은행, 인터넷전문은행, 특수은행
\- **제2금융권** : 은행을 제외한 제도권 금융기관, 증권사, 보험사, 카드사, 캐피탈, 저축은행, 협동조합 등
\- **제3금융권** : 제1, 2금융권에 속하지 않지만 대출을 취급하는 기업, 대부업체

부동산 개발에서 큰 두가지 대출 종류

1. 브릿지론: 건물을 올리기 전, 시행사가 땅을 사기 위해서 필요한 자금을 대출(주로 2금융권)

2. PF대출(프로젝트파이낸싱): 부지 확보 후 주로 1금융권에서 공사비, 토지 매입 잔금 등의 대출

대출용어 제대로 이해하기

중도상환수수료란?

중도상환수수료는 약정 만기 전에 대출금을 상환함에 따라 대출취급 시 은행이 부담한 취급비용 등을 일부 보전하기 위해 수취하는 수수료다. 중도상환수수료는 중도상환금액의 일정률을 대출만기일까지의 잔존일수에 따라 계산하고 있으나, 대출종류 및 상품별로 일부 상이한 경우가 있으므로 자세한 내용은 대출금 상환 시 해당 은행에 문의하는 게 가장 정확하다.

중도상환수수료 꿀팁!

단기 대출을 이용할 경우 중도상환수수료가 없는 대출상품을 이용할 수도 있으니, 여러 은행 상품을 비교하는 게 중요하다. 망설이지 말고 과감하게 은행 담당자에게 요구하자! 권리 위에 잠자는 자는 보호받지 못한다!

— **66** —

비관주의자가 바람에 대해
불평하는 동안 낙관주의자는
그 바람이 바뀌기를 바란다
한편 현실주의자는 돛의 방향을 조절한다

-윌리엄 아서워드-

— **99** —

Q1

분양권 중도금 대출이 추가대출에 영향을 줄까요?

A1 : 대부분은 추가대출에 큰 영향은 없습니다. 보통 개인사업자는 은행 별 한도가 각 10억원대입니다. 분양권 중도금 대출이 많이(은행당 약 5억원 이상) 있으시다면, 추가 대출받으시는데 영향은 있습니다.

Q2

지식산업센터 분양권 잔금 시 계약금 외에 은행 대출을 일으켜서, 대출관련 서류를 시행사에 제출하나요?

A2 : 네. 먼저 잔금대출은 은행에 서류를 제출하고 등기관련 서류는 시행사에 보내줘야 합니다. 보통 시행사 지정 법무사님을 통해서 진행하시면 됩니다.

전매로 매수한 분양권 경우 입주시점이 도래됨에 따라 양도인의 중도금 대출을 승계하지 아니하고 입주지정일 이후 양수인이 자기자금 및 잔금 대출로 양도인의 중도금 대출 상환 및 분양 잔금 납부함과 동시에 명의를 변경하면 됩니다. (중도금 대출 승계없이 진행할 경우는 당일 소유권 이전 접수 조건)

Q3

지식산업센터 분양 받은 후 전매로 물건을 매도를 하면, 그 동안 발생한 중도금 대출은 어떻게 처리되나요?

A3 : 매수자가 중도금대출 승계 심사를 통과하면 매도자의 중도금 대출 금액은 매수자에게 이관됩니다. 이때 매도자는 중도금대출 때 시행사에게 발행 받았던 세금계산서를 그대로 매수자에게 발행하면 됩니다. 매수자가 중도금대출 승계 심사를 통과하면 매도자의 중도금대출 금액은 매수자에게 이관됩니다.

개인 신용상에 큰 문제가 없다면 은행 별 중도금 대출은 10억 내외로 가능합니다. 중도금 대출 + 다른 잔금대출 등 대출이 많이 겹치거나 은행당 10억원 넘어가는 경우는 대출이 불가 할 수 있으니 각 은행 별 대출금액을 잘 관리하셔야 합니다.

Q4

지식산업센터 분양권에 대해 중도금 대출이 부결 난 경우 구체적으로 어떤 조치를 취해야 하나요?

A4 : 첫째, 부부공동명의로 변경해서 배우자 명의로 중도금대출 심사를 진행하는 방법

둘째, 법인명의로 변경해서 법인으로 중도금대출 심사를 진행하는 방법(단, 법인 재무제표가 좋아야 대출 실행 가능성이 높음, 재무제표 상태는 결손, 자본잠식 등이 있으면 안됨)

셋째, 시행사 및 분양사에게 요청하여 1~2금융권 or 타 은행에서 대출이 가능하도록 협조를 구하는 방법이 있습니다.

Q5

전매를 진행하는 경우에 시행사에서 구체적으로 어떤 조치를 하나요? 필요한 서류는 뭐가 있나요?

A5 : 전매를 하는 경우 시행사에서 지정한 날짜에 매수자/매도자 가 참석해서 전매처리를 진행합니다. 필요한 서류는 시행사별 상이 합니다. 보통은 분양계약서 원본, 사업자등록증 사본, 매도용 부동 산 인감증명서, 주민등록등본, 인감도장, 신분증, 부동산매매계약 서(검인 필), 인지세, 대출승계확인서, 계약금납부 영수증 등이 필 요합니다.

Q6

지산 분양권 전매의 중도금 대출이 어느정도 금액까지 가능한가요?

A6 : 중도금 대출은 보통 분양금액의 40~50%대입니다.

Q7

분양권 중도금 대출이자는 누가 부담하나요?

A7 : 중도금 대출이자는 시행사가 대납합니다. 그래서 중도금 대출이 무이자라면 수분양자들은 걱정 안 하셔도 됩니다.

Q8

분양권 중도금 대출이자가 후불제 유이자가 있던데,
이런 곳은 대출이자를 누가 부담 하나요?

A8 : '중도금대출 후불제 유이자'인 경우는 중도금 대출에 대해서 만기일시상환대출로 진행하며, 잔금 시 수분양자가 중도금대출에 대한 이자를 납부하게 됩니다. 중도금 대출금리는 23년 5월 기준으로 약 5~7%대 입니다. 전매로 분양권이 넘어가는 경우는 최종 분양권 매수자가 중도금대출 이자를 납부하면 됩니다.

보통은 시행사가 입주전까지는 대납하지만, 질문하신 경우는 후불제 유이자로 입주 후에 납부하는 것이므로 최종 분양 받는 사람이 납부합니다.

Q9

준공 후 입주지정기간에 잔금 시 중도금대출이자는
어떻게 되나요?

A9 : 시행사 안내문을 진짜 꼼꼼히 잘 보셔야 합니다.(출제자의 숨은 의도를 잘 파악하면 돈을 아낄 수 있습니다.)

예를 들어 입주지정기간이 11월1일~30일까지라면 11월 1일부터 중도금 대출이자를 수분양자가 부담하는 현장들이 많이 있습니다.

이런 경우 "중도금대출이자"가 높은 지 "잔금대출이자+관리비"가 높은 지를 잘 계산해서 잔금대출을 진행하시면 됩니다. 그리고 잔금대출을 실행하면 잔금일부터 매일 관리비가 부과 됩니다.

Q10

기숙사는 대출이 어느정도 나오나요??

A10 : 기숙사는 정확히 업무지원시설로 분류되어 대출이 40~70% 범위 내에서 결정됩니다. 기숙사는 각 은행 별 다 다르게 심사가 적용되니 은행에 직접 문의 해보시는 게 가장 정확합니다.

Q11

지식산업센터 중도금 대출을 받으면 신규 분양 받는
아파트 주택담보대출에는 문제가 없나요?

A11 : 일반 개인 가계대출과 지식산업센터 사업자 대출은 성격이 달라서 영향은 없습니다. 다만 대출 규제는 항상 유동적이기 때문에 대출 받는 시점에 대해서 대출 규제를 잘 파악하고 있으셔야 합니다.

Q12

전매 거래 시 중도금 대출에 대한 전자세금계산서는
누가 어떻게 발급해야 하나요?

A12 : 중도금대출이 실행되면 회차별(보통 1~4회차 발생)로 시행사에서 중도금 대출금액에 대한 건물분, 토지분 세금계산서를 발행해줍니다. 전매 거래 시 양도인은 양수인에게 시행사에서 받은 회차별 세금계산서 금액 그대로 발행해주면 됩니다.

중도금 세금계산서 발행 시 주의할 점 2가지 포인트!
첫째, 토지분 세금계산서(면세)도 꼭 발급해야 합니다. 가끔 토지분을 누락하는 경우가 나중에 가산세가 나올 수도 있습니다.
둘째, 계약금, 중도금 실행분은 회차별 세금계산서를 각각 나누어서 발행해야 하는데, 귀찮아서 전체 금액을 한번에 합계로 발행하는 경우가 있는데 나중에 세무처리 시 곤란한 점이 많이 있습니다. 귀찮더라도 꼭 각각 회차별 세금계산서를 발급해야 나중에 업무처리가 수월합니다.

Q13

중도금 대출 준비서류가 어떤 게 있나요?

A13 : 분양계약서 원본, 계약금 납부 영수증, 사업자등록증, 주민
등록등/초본, 신분증 사본, 인감증명서, 국세/지방세 납세 증명서
등이 필요합니다.

Q14

중도금 대출 은행이 2금융권인데 괜찮나요?

A14 : 지식산업센터 중도금 대출을 2금융권에서 진행하는 경우 신용상의 불이익은 없습니다. 또한 다른 대출 받을 때도 영향은 거의 없습니다. 다만 2금융권 대출 금액이 10억 이상 초과하는 경우는 가급적 조심해야 합니다.

Q15

자영업을 하고 있는데, 코로나19 대출, 저축은행에서
신용대출 받은 게 있는데 중도금대출이 가능할까요?

A15 : 대부분 중도금 대출은 소득 증빙이 되면 중도금 대출이 가능합니다. 혹시 증빙소득이 작다면 "카드사용내역, 건강보험 납부내역, 국민연금 납부내역" 등으로 증빙이 가능합니다. 소득의 종류는 아래 표와 같이 크게 세가지로 구분되니, 증빙 가능한 소득은 최대한 모아서 제출하는 게 좋습니다.

Q16

개인사업자로 한 현장에서 4개호실 실사용으로 분양 받았는데, 중도금 대출이 가능할까요?

A16 : 최근에는 한 분양 현장에서 3개 호실까지 중도금 대출이 가능합니다. 추가로 매출관련 자료, 소득금액증명원 등 추가 증빙 서류들을 제출하시면 3개 호실 이상도 가능할 수 있습니다.

Q17

지식산업센터 분양권 잔금 시 계약금 외에 은행 대출 잔금대출은 분양가 기준인가요? 감정가 기준인가요?

A17 : 보통 분양가 기준으로 대출을 진행합니다. 실무에서는 분양 현장들이 보통 2년 전에 분양을 하기 때문에 더 정확한 감정을 위해서 몇몇 은행들은 감정을 대출 시점으로 다시해서 감정가를 기준으로 대출을 진행하기도 합니다.

Q18

개인 신용점수 알아 볼 수 있는 사이트가 어디 인가
요?

A18 : 토스뱅크, 네이버페이, 카카오페이, 올크레딧, 나이스지키디, 본인신용정보열람서비스(www.credit4u.co.kr) 등에서 쉽게 확인 가능합니다.

Q19

대출이자는 경비처리가 가능한가요?

A19 : 대출이자는 추후 경비로 인정이 가능합니다. 경비처리 시 대출받은 은행에 이자납부 증빙서류를 요청해서 받으면 됩니다.

다만 세무 대리인분들이 지식산업센터에 대한 이해도가 낮을 경우 경비처리를 놓치는 경우가 있으니, 직접 챙기는 게 좋습니다.

Q20

대출을 최대한 많이 받고 싶은데 가능할까요?

A20 : 지식산업센터 대출 80~90%는 물건의 컨디션(입지) + 은행 내부등급 + 재무제표 건전성 + 추가담보 여력 + 지식산업센터에 대한 이해도 높은 은행 담당자 + 높은 신용도 + 기존 대출관리 등 등 복합적으로 판단해서 결정이 됩니다. 가급적 여러 은행을 접촉해서 잔금대출을 미리 준비하시기 바랍니다.

Q21

2금융권도 지산 대출 가능한가요? 대출이 가능하다면 신용등급이 떨어지지 않을까요?

A21 : 제2금융권도 지산 대출이 가능합니다. 최근 서울권 지식산업센터의 분양권 중도금 대출은행들도 제2금융권 은행들이 몇몇 있습니다. 제2금융권 대출이 있다고 해도 신용점수가 바로 떨어지지는 않습니다. 다만, 주의하실 점은 제2금융권 대출이 많은 경우 추가대출 받을 시 여러가지 제약이 발생할 수 있습니다.

Q22

변동금리와 고정금리 중 어떤 게 더 유리한가요?

A22 : 지식산업센터 대부분의 대출은 2~3년 거치 변동금리로 진행합니다. 고정금리가 변동금리에 비해서 보통 0.5~1%대 이상 대출금리가 높습니다. 금리가 오르는 시기에는 고정금리로 했다가 추후에 변동금리로 갈아타시고, 지금처럼 금리동결 또는 금리가 내려갈 것으로 예상되는 시기에는 변동금리로 하는 게 다소 유리합니다.

Q23

지식산업센터 대출 잘해주는 은행이 있나요?

A23 : 보통 지식산업센터 인근 은행들이 수익형 부동산에 대해 이해도가 높아서 대출에 적극적입니다.

Q24

지식산업센터 경매물건 사업자 대출시 참고 및 주의 사항이 있나요?

A24 : 지식산업센터 경매물건에 대해서도 사업자대출이 가능합니다. 경매물건은 보통 1년전에 감정평가를 하기 때문에 시세는 현재 시점과 다릅니다. 이런 경우 경매물건에 대해 '감정 재평가'를 은행에 요구하셔서 현 시세대로 대출을 받을 수 있습니다.

수익형 부동산의 감정가 평가방법은 아래 표와 같이 세가지 감정평가 방법이 있습니다.

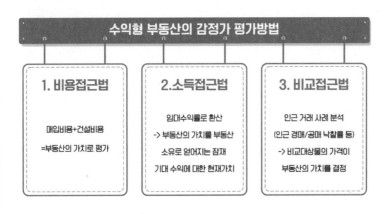

Q25

심사 전에 대출 가능여부 확인 방법이 있나요?

A25 : 은행별/개인별 신용점수, 내부등급이 다 상이하기 때문에 심사를 넣어봐야 알 수 있습니다.

Q26

지식산업센터 추가 매입 시 대출 총액이나 개수 제한
이 있나요?

A26 : 보통 개인사업자는 은행별 한도가 각 10억원대입니다.

그러나 3개은행 이상 대출이력이 있다면 '다중채무자'로 분류가 되어 대출받는데 제약이 발생합니다.

그렇지만 사업소득, 근로소득, 임대소득, 금융소득 등이 좋으시다면 추가 대출이 가능합니다.

Q27

지식산업센터 공장이 아닌 상가 대출은 다른 점이 있나요?

A27 : 지식산업센터 공장대출은 산집법(산업집적활성화 및 공장설립에 관한 법률)에 적용 받아 보통 매매가의 80~90% 대출이 가능합니다. 상가대출은 60~80% 수준으로 나옵니다.

Q28

지식산업센터 임대사업자 대출 및 실사용 시 잔금대
출은 어떻게 다른 가요?

A28 : 지식산업센터 실사용시 잔금대출은 산집법에 적용 받아 보통 매매가의 80~90% 대출이 가능합니다.

임대사업자의 경우는 임대업 이자상환비율인 RTI를 반영하여 연간 임대소득이 연간이자비용보다 약 1.5배 이상 될 때 임대사업자 대출이 가능합니다. (임대업 이자상환비율 = 연간 임대소득/연간 이자비용)

예를 들어 실무에서는 월세 50만 원당 약 1원 대출이 가능하다고 보면 됩니다.

Q29

대출한도가 잘 나오는 시기가 있나요?

A29 : 첫째, 매월 1일은 대출 한도가 많이 남습니다. 대출은 매월 초를 노리는게 유리합니다. 둘째, 연말 보다는 연초가 은행 별 대출 잔액이 넉넉하니 연초에는 대출한도가 넉넉해서 유리합니다.

Q30

경기도, 서울의 지식산업센터 대출 평균이 어떻게 나요?

A30 : 서울은 평균 80~90%, 경기도도 서울과 비슷하게 80~90%, 지방은 70~80% 수준으로 대출이 나옵니다. 차이가 나는 이유는 은행에서는 서울의 담보가치를 더 좋게 보기 때문입니다.

Q31

개인사업자 대출이 있으면 추가 대출이 안 나오나요?

A31 : 기존 대출이 있더라도 잔금대출 및 추가운영자금대출이 가능합니다. 일반 개인(법인)사업자 추가운영자금 대출은 작게는 수천만 원에서 크게는 5억 원대까지 가능합니다.

Q32

대출 필요 시점이 한달 남았는데 늦지 않았을까요?

A32 : 아닙니다. 보통 대출실행 전 1~2달 전부터 대출진행이 가능합니다. 빠르게 대출업무를 진행한다면 2~3주안에도 대출실행이 가능합니다.

Q33

대출계약을 철회 할 수 있나요?

A33 : 대출계약 철회권은 대출자가 은행에서 돈을 빌린 지 14일 이내에 철회할 수 있는 제도입니다. 단, 사업자담보대출은 사실상 불가능하고 담보대출일 경우 2억원이 초과하면 불가능합니다.

Q34

담보인정비율(LTV)이란 무엇인가요?

A34 : 담보인정비율(LTV, Loan to Value ratio)이란 부동산 등을 담보로 대출을 받고자 할 때 담보물의 감정가액 대비 대출액의 비율을 의미합니다. 아래 표를 참고 하시기 바랍니다.

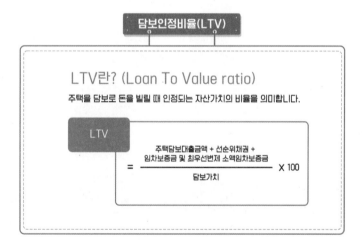

Q35

신용점수를 올리기 위해서는 어떻게 하면 되나요?

A35 : 우리나라 대표적인 개인 신용평가사이트는 올크레딧과 나이스지키미입니다. 첫째, "비금융정보(4대보험 + 통신요금) 신용평가 반영 신청하기"를 하시면 즉시 가점을 부여 받아 신용점수가 올라갑니다. 둘째, 올크레딧의 경우는 추가로 "신용성향설문조사"를 진행하면 추가 가점을 부여 해줍니다.

Q36

해외 거주 시(국내 비거주자) 대출 실행하려면 어떻게
해야 하나요?

A36 : 국내에 들어와서 대출자서를 꼭 진행해야 합니다. 대출절차
는 기존 국내 대출자와 비슷합니다.

Q37

어떻게 해야 대출 금리, 이자 낮출 수 있을까요?
(금리 비교 후 갈아타기 등)

A37 : 첫째, 기존 대출자 금리 인하권 활용 -〉 수용률은 농협·우리 은행 50%정도로 높음

둘째, 신규 대출자는 신잔액 코픽스로 대출받기 -〉 국민은행 3%대 금리로 가장 낮음 (우대금리 및 최상의 조건 만족 시)

셋째, 서민형 대출상품 적극 활용하기 -〉 `새희망홀씨대출` 하나은 행 최대 1%P 감면 혜택

넷째, 대출기간 연장 검토 -〉 대환대출 플랫폼 이용하기 (53개 은행 모바일 앱에서 이용가능)

Q38

잔금대출 시 일반적인 대출비율보다 높게 받을 수 있는 방법이 있을까요? (담보, 재감평 등)

A38 : 가급적 여러 은행을 알아보는게 중요합니다. 은행별, 각 지점별, 지점장님 스타일 별로 다 다릅니다. 지식산업센터는 특수 분야라서 지식산업센터 인근에 있는 은행들이 보통 이해도가 높아서 대출하는데 수월하고, 최근에는 분양권 잔금대출 시 시행사에서 지정한 은행들이 대출을 잘 해줍니다.

Q39

중진공(중소기업진흥공단) 대출은 어떤 게 있나요?

A39 : 중진공(중소기업진흥공단) 대출도 여러 용도가 있는데, 지식산업센터 관련 대출은 시설 매입자금 용도로 분류됩니다. 중진공 대출은 시중 은행보다 금리가 상당히 저렴해서 재무제표가 좋은 기업들에게 꼭 추천 드리는 대출입니다. 정부지원자금 성격이 강해서 매년 초에 대출자금이 빠르게 소진되니, 매년 하반기부터 미리 알아보시면 좋습니다.

Q40

다른 사람 명의의 담보물로 잡아서 대출 가능한지?

A40 : 네. 충분히 가능합니다. 확실한 담보물만 제공한다면 담보제공 후 대출이 가능합니다.

Q41

직장인의 경우, 추가 대출 전략이 따로 있을까요?

A41 : 직장인의 경우는 마이너스통장이 대출 잘 나옵니다. 퇴직금 중간정산도 가능한데, 최초 주택 매입 시 또는 요양치료비 등으로 퇴직금중간정산도 가능합니다.

Q42

추가증액 대환대출의 방법이 뭔가요?

A42 : 대환대출 시 추가증액을 원한다면 추가운영자금대출이 가능합니다. 운전자금대출(추가운영자금 대출)은 사업자가 판매나 운영 활동에 필요한 자금을 조달하기 위한 대출입니다. 물건지 담보가치가 상승하면 추가대출이 가능하나, 여러가지 조건이 맞아야 대출이 가능해서 일단 은행 담당자에게 탁상 감정부터 받아보시는 걸 추천 드립니다.

Q43

지산 대출 잘 받는 방법이 있나요?

A43 : 지식산업센터 첫 대출인 경우 지식산업센터(공장)는 80~90%대, 업무지원시설은 70~80%대로 대출이 가능합니다.
ex) 지식산업센터 90% 대출의 경우 80%는 시설자금대출 + 10%는 개인 신용대출로 진행

첫째, 가장 중요한 게 대출차주의 현금흐름이 가장 중요합니다. 은행에서는 차주가 대출 원리금을 얼마나 잘 갚는지 판단하는 게 가장 중요하게 점검합니다. 근로소득, 사업소득, 임대소득, 금융소득 등 꾸준한 월 현금흐름이 중요합니다.(직장인들은 웬만하면 대출이 잘 나오니 퇴사는 신중히 생각하시고 판단하시기 바랍니다.)

둘째, 현금흐름도 중요한데 저축 금액, 매월 사용하는 신용카드 금액도 높으면 높을수록 좋습니다.

이처럼 매월 안정적인 현금흐름이 중요해서 실제 자산가들도 대출을 잘 받기 위해서 더 열심히 일한다는 우스개 소리도 있습니다.(웃음)

Q44

대출을 잘 받기위해 필요한 준비사항이 있을까요?

A44 : 특히 사업자대출을 잘 받기 위해서는 첫째, 매출이 높을수록 좋습니다. 둘째, 개인 신용점수 관리도 필수입니다. 셋째, 은행 내부등급도 중요하니, 은행 거래실적(통장발급, 통장잔고, 대출이력 등)도 잘 쌓아가는 게 중요합니다.

Q45

개인명의 분양권을 법인명의로 전환 가능한가요?
가능하다면 과정과 시기가 궁금합니다.(등기 칠 때 법
인명의로 전환가능한지)

A45 : 네. 가능합니다. 등기할 때 개인에서 법인으로 명의변경 후 법인으로 등기가 가능합니다. 각 분양사를 통해서 명의변경이 가능하니, 잔금 전에 꼭 미리 확인하시기 바랍니다.

Q46

법인명의로 전환을 한다면 중도금 또는 잔금대출 실행을 위한 매출 만드는 상세한 방법(실제사례 및 운용방법)이 뭔가요?

A46 : 법인대출은 법인 재무제표가 가장 중요합니다. 결손(수입보다 지출이 많아서 생기는 금전상의 손실), 자본잠식 등이 있으면 안되고 꾸준히 2~3개년 동안 재무제표가 우 상향 하는 걸 은행에서는 좋게 평가합니다.

자본잠식(기업의 적자 누적으로 인해 잉여금이 마이너스가 되면서 자본 총계가 납입자본금보다 적은 상태. 납입자본금과 잉여금을 더한 자본총계마저 마이너스가 될 경우 완전자본잠식, 자본전액잠식이라고 한다. 납입자본금과 잉여금으로 구성된 자본총계가 납입자본금보다 적은 상태를 자본잠식이라 한다) 등 재무제표가 안 좋은 법인 보다는 차라리 신규법인이 대출받는데 더 유리합니다.

Q47

부동산 법인 대출시에 무엇이 필요한가요? (재무제표 몇 년치를 보고, 어느 정도의 매출을 유지해야 하는 가?)

A47 : 재무제표는 보통 3개년을 봅니다. 매출이 가장 중요한데 연 매출 최소 2~3억 이상 유지하는 게 중요하고 매출은 많을수록 좋습니다.

Q48

사업자로 받을 수 있는 대출의 경우 3년마다 갱신하는 것 밖에 없나요? (예를 들어 주택처럼 원리금 균등 상환 방식과 같은 것은 없는지)

A48 : 사업자로 받을 수 있는 대출은 지식산업센터에서는 시설자금대출 및 추가운영자금 대출이 가능하고 일반 1금융권 및 인터넷전문은행(케이뱅크, 카카오뱅크, 토스뱅크 등)에서는 개인사업자 대출이 가능합니다. 정부 공공기관에서 받을 수 있는 대표적인 대출은 중소기업진흥공단, 신용보증재단 등에서 사업자 대출이 가능합니다. 지식산업센터 대출은 거치이자만 납부하는 방식이 대부분인데, 원리금 균등상환(원금과 이자를 동시에 납부)도 가능합니다.

Q49

사업기간 1년 미만 신생 법인이 대출 한도를 늘리고 대출 잘 받는 방법이 뭔 가요?

A49 : 1년 미만 사업자는 신생 법인으로 보기 때문에 결손, 자본 잠식만 조심하시면 됩니다. 신생법인은 은행 내부등급을 평가할 때 보통 '중간등급'으로 평가 받습니다.

Q50

지식산업센터 대출연장 시 결손법인의 경우 대출 갱신(연장)이 가능할까요?

A50 : 결손법인의 경우 기존 대출금 회수 및 대출연장이 불가할 수 있습니다. 재무제표를 잘 관리해야 합니다.

Q51

금리를 갈아타기 위한 절차와 체크리스트는 어떤 게 있나요?

A51 : 개인사업자대출 건에 대해 금리를 갈아타기 위해서는 우선 은행을 여러 군데 알아보시고 조건을 비교하신 후에 결정하시면 됩니다. 중도상환수수료는 슬라이드 방식으로 차감이 되며, 보통 2년의 1~2% 수수료가 발생합니다. 대환 대출금액, 대출금리, 중도상환수수료 등을 꼼꼼히 따져보고 갈아타시는 걸 추천합니다.

Q52

연 사업소득 1000만원 정도(신용카드 사용 2천만원)
인데 대출이 잘 나오는 방법이 뭔 가요?

A52 : 1년 카드사용액이 약 2천만원인 경우 소득인정금액을 은행에서는 연봉으로 약 5천만원까지 최대로 잡아 주기도 합니다. 은행 담당자에게 적극적으로 이 부분을 어필해야 합니다.

Q53

잔금대출 후 추후에 매도할 때 개인사업자와 법인사
업자의 양도차익은 어느정도 다른 가요?

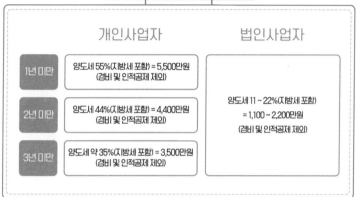

A53 :

분양권 전매

분양권 전매 시 개인사업자는 1년 미만으로 해당되어 지방세 포함 55%의 양도세가 발생합니다. 법인사업자는 보통 9.9~20.9%의 법인세(지방세 포함)가 발생합니다. (과세표준 2억원 이하는 9.9%, 2억원 초과 ~ 200억원 이하는 20.9% / 지방세 포함)

일반 매매

일반매매 시 개인사업자는 아래 표와 같이 1~3년 사이는 구간별 양도세가(지방세 포함) 55%~35%의 양도세가 발생합니다.

법인사업자는 보통 9.9~20.9%의 법인세(지방세 포함)가 발생합니다. (과세표준 2억원 이하는 9.9%, 2억원 초과 ~ 200억원 이하는 20.9% / 지방세 포함)

에필로그

오랫동안 꿈을 그리는 사람은
마침내 그 꿈을 닮아간다.
-앙드레 말로, 프랑스의 예술가 및 정치가-

조선시대 500년 동안 부자의 순위는 거의 바뀌지 않았다. 땅의 세습, 부의 세습이 동서고금을 막론하고 진행됐었다. 예를 들어 우리 같은 일반 평민(?)들은 아무리 기술과 좋은 아이디어가 있어도 대출을 안 해주니, 대장간/제조업 등 사업을 확장하는 게 거의 불가능했다. 그러나 대출 레버리지가 가능하면서 이제는 부자순위도 바뀌고 있다.

돈의 양은 시간이 지날수록 계속해서 늘어나기 때문에 이 돈(수익, 대출)을 많이 가져오는 사람이 부자가 되는 시대다. 능력이 있는 개인 & 기업들은 대출을 통해서 경제를 발전시켜 왔다. 대출 레버리지를 잘 이용해서 자산을 하루빨리 증식해야 하고 돈이 돈을 버는 시스템을 빨리 만들어야 자본주의 시스템에서 살아 남을 수 있다. 필자는 우리 같은 보통 서민들에게는 유일하게 위로 올라갈 수 있는 사다리가 대출이라고 생각한다.

제2금융위기, 중국 발 위기, 세계 경기침체, 10%대 주택담보대출 금리 등 지금 언론에서는 각종 부정적인 뉴스들이 흘러나오고 있다. 결론은 아무도 믿지 말고 객관적인 데이터를 보면서 각 개인사정에 맞게 대응하는 게 중요한 시기라고 생각한다.

지금은 경제 전문가들, 유튜버들, 각 언론들 등을 통해서 거의 대한민국이 망할 것처럼 각종 안 좋은 뉴스가 여기저기서 터져 나오는데, 이것도 한 순간으로 본다. IMF 이후에 지금까지 단 한 번도 위기가 아니라고 한 적이 없다. 이론으로 무장했더라도 실행이 없으면 아무것도(nothing) 아니다. 이 또한 지나간다! 금리는 결국 내리기 위해서 올린다. 금리인상 목표치가 이제 거의 마지막이고 얼마 안 남았다.

금리가 인하되고, 우크라이나 전쟁도 안정화가 되면 언제 그랬냐는 듯이 미국 우량주식, 한국 우량 부동산은 우 상향 기조로 들어간

다. 폭등, 폭락 유튜브 조심하시고 내재가치가 훌륭한 가치투자들에 집중하시기를 바란다. 대출은 시간과 투자 에너지를 빌려 쓰는 것이라고 생각한다.

영어 속담에 "A ship in harbor is safe, but that is not what ships are built for." (배는 항구에 있을 때 가장 안전하다. 그러나 그것이 배의 존재 이유는 아니다.) 라는 말이 있다. 필자는 배(boat)가 곧 대출이라고 생각한다. 배(대출)가 항구(은행)에 있으면 당연히 비/바람을 맞지 않고 안전하다. 그러나 물고기(수익)는 포기해야 한다. 뛰어난 선장(투자자)은 태풍(급격한 금리인상)이 불어 올지 모르는 리스크를 떠 안고 바다로 나간다. 그러나 태풍은 언젠가 곧 잠잠해진다.

원래 세상은 보통 비관론이 더 넘쳐난다. 성공한 사람들은 심플하게 생각하고 빠르게 행동으로 옮기는 사람이다. 지금 같은 고금리 시기에도 대출 레버리지를 잘 이용하면 부의 사다리로 올라 갈 수 있다. 서서히 두려움과 공포가 걷히는 순간이 다가오고 있다. 단기적으로는 공포를 잘 견뎌내고 장기적으로는 뛰어난 투자 성적을 얻으시기를 필자는 진심으로 응원한다.

투자의 성공여부는 얼마나 오랫동안
세상의 비관론을 무시할 수 있는지에 달려있다.

- 피터 린치 Peter Lynch -

지식산업센터 대출의 신(信)
터푸가이가 알려주는
사업자 담보대출 1,000억 노하우

초판 1쇄 인쇄 | 2023년 07월 05일

지은이 | 윤영현

편집기획 | 장영광
디자인 | 박서영,배주현
발행처 | 청춘미디어

출판등록 | 2014년 07월 23일
전화 | 010 3630 1353
문의 | 29rich@naver.com

ISBN 979 - 11 - 87654 -988
책값 12900원 (만 이천 구백원)